智樂若相是行般若波羅蜜多不行佛十力我無

行佛十力我無我相是行般若波羅蜜多不行四

長四無礙解大慈大悲大喜大捨十八佛不共法

智道相智一切相智我無我不行四無所畏乃不

相智……我相是行般若波羅蜜多不行佛十力

淨不……十力淨不淨相是行般若波羅蜜多不

無所畏……礙解大慈大悲大喜大捨十八佛不

一切智道相智一切相智淨不淨不行四無所畏

一切相智淨不淨相是行般若波羅蜜多不行

禅画百譚　目次

目次

目　次

目次

第1話　犬に仏性があるのか（狗《く》子《し》仏《ぶっ》性《しょう》）

狗子仏性
全提正令
纔渉有無
喪身失命（『無門関』一）

狗子仏性《くしぶっしょう》
全提正令《ぜんていしょうれい》
纔《わずか》に有無《うむ》に渉《わた》れば
喪身失命《そうしんしつみょう》ならん

犬に仏性が有るのか、無いのかと、
丸投げされた仏陀のご命題。
うっかり（仏性の）有無《うむ》の話と勘違いしたなら、
たちまち命を奪われる、というものだ。

ある雲水が趙州《じょうしゅう》和尚(1)の前に立って、

「犬（狗子《くし》）に仏性(2)有りや、無しや」

と問いかけた。和尚は雲水の様子を見て、

「この雲水は、有るか無いかのとらわれから脱せないほどの唐変木《とうへんぼく》だ。ひとつ性根《しょうね》を入れ替えてやろう」

と思って、

「無し」

と答えた。もとより、犬に仏性が有るとか無いとかの詮議や疑問は一切役に立たない心配事だ。自身の手元の心の光りを照らしてさえいればよいのだ。一心不乱に自身に突進することが重要だ。熱した鉄の玉を一息に呑み込んで有象無象《うぞうむぞう》の迷いを焼き尽くしたなら、昔からの悪い習慣も一変して、たちまち悟ることになる。

そうすれば、『三国志』で名高い豪傑・関羽《かんう》（蜀漢の武将。?〜二一九）が用いた半月刀《はんげつとう》も、虎退治の加藤清正（一五六二〜一六一一）の重い片鎌槍《かたかまやり》も、ことごとく自由自在に振り回すことが可能だ。これが「驚天動地《ぎょうてんどうち》の活手段《かつしゅだん》」と名付けられるもので、

「仏に遭《あ》えば仏を殺し、祖に遭えば祖を殺す」

と云われるものだ。生死の岩頭に大自在を得て、六道《ろくどう》（地獄・餓鬼・畜生・修羅・人・天）においても、四生《ししょう》のうちでも、遊戯三昧に安寧《あんねい》な渡世ができるというものである。灯台もと暗し、よその詮議より「お手元拝見」ということを忘れてはダメだ。

註

（1）趙州和尚……唐代の禅者、趙州従諗《じゅうしん》（七七八〜八九七）。この「狗子仏性」は「趙州無字の公案」とも称される。

（2）仏性……仏としての本性。仏となる可能性。『涅槃経』の「一切衆生悉有仏性」に由来する。

第２話　西郷南洲、無参《むざん》和尚の一喝を怖れる

西郷南洲《なんしゅう》（1）（隆盛）は吉井友実《ともざね》（2）とともに、福昌寺の無参《むざん》和尚（3）のもとに参禅していた。無参和尚は二人が「経世《けいせい》の大器《たいき》（世を治める大人物）」であるのを見て、痛棒《つうぼう》（警策《きょうさく》）を激しく振り、熱喝《ねっかつ》して、常に厳しい手段で指導した。

あるとき西郷と吉井の二人は、

「和尚の室《へや》に入れば、ただちに痛棒をくらい、逃《のが》れることなどできない。今日は室に入らず庭にいて、老師が警策を振ったら、まっしぐらに走り去ろう」

と話し、縁側の前に立って、

「参上いたしました」

と挨拶したところ、無参和尚は二人の胸中を見すかして、

「この生意気奴《なまいきやろう》」

と一喝した。その声は百雷が一度に落ちたほどの大迫力で、二人は思わず謝伏《しゃふく》してしまった。西郷は昔のことを語るたびに、このときのことを話したという。

降ると見ば積らぬ前《さき》に払えただ
　風吹く松に雪折れはなし

とぼけしゃんすなそこは雪隠《せっちん》よ
　壺へ堕《お》ちたらどうなさる

註

（1）西郷南洲《さいごうなんしゅう》……西郷隆盛（一八二七～一八七七）。幕末・維新期の政治家。薩摩藩士。南洲は号。

（2）吉井友実《よしいともざね》……薩摩藩士（一八二八～一八九一）。

（3）無参和尚《むざん》……島津家の菩提寺「福昌寺」の住職をつとめ、西郷隆盛や大久保利通《としみち》、吉井友実などを指南したと伝えられる禅僧。

第3話　迷えば凡夫、悟れば仏（百丈野狐《ひゃくじょうやこ》）

不落不昧
両采一賽
不昧不落
千錯万錯（『無門関』二）

不落《ふらく》と不昧《ふまい》と　　落ちずと、昧《くら》さず（背《そむ》かない）、
両采一賽《りょうさいいっさい》　　サイコロ一ふり、二つの目。
不昧《ふまい》と不落《ふらく》と　　昧《くら》さずと、落ちず、
千錯万錯《せんそうばんそう》　　何千何万回の間違いだらけ。

百丈《ひゃくじょう》和尚(1)のところに、いつも来る老人がいた。ある日、居残っていた老人に向かって、

「目の前に立っているのは誰か」

と質問した。老人は、

「私は人ではござらぬ。神代《かみよ》の大昔よりこの山に住み、かつて、『参禅して悟りを開いた人も、因果の法則に落ちるや否や』との問題（公案）に対して、私は『因果に落ちず』と答えました。その一点の迷いのため、五百年もの間、野狐《やこ》の身に堕《お》ちたのです。どうか和尚さま、正しい答えの一句によって、野狐の身を脱出させてください」

と語り、重ねて百丈和尚に、

「修行して悟りを開いた人も、因果の法則に落ちるのでしょうか。それとも落ちないのでしょうか」

とたずねた。和尚は、

「因果の法を味《くらま》さない（背《そむ》かない）」

と答えた。それを聞くと老人は大悟《だいご》して狐の身を脱することができた。

老人の野狐の禅は疑心が執着して、因果に落ちないと思っていたが、その落ちぬとか落ちるとかを考えること自体が迷いなのだ。因果の理法を悟り切った人にとって、どこに因果というものがあるというのだ。因果の理《ことわり》に迷わず、因果の根本道理が明白になったら、因果に拘束される心配は断じてないのだ。

「迷えば凡夫なれども、悟れば皆仏である。仏も元《もと》は凡夫なり」

というのは、この理《ことわり》であるぞ。

註

（1）百丈《ひゃくじょう》和尚……中国唐代の禅僧（七二〇～八一四、一説に七四九～八一四）。馬祖道一《どういつ》に師事し、教団規則「百丈清規《しんぎ》」を制定。禅の教団の自給自足の体制を整えた。

第4話　越渓《えっけい》老師、三条公を一呑みにする

越渓《えっけい》老師(1)はかつて太政大臣《だいじょうだいじん》三条実美《さねとみ》(2)と某所《ぼうしょ》で出会った。そのとき某氏《ぼうし》が三条公を越渓老師に紹介し、

「この御方《おかた》が、太政大臣三条実美公です」

と告げた。

越渓老師は胡床《あぐら》のまま、三条公に会釈《えしゃく》して、

「ハハァ、あなたが三条公かね。政府発行の布告の尻尾《しっぽ》ではときどきお目にかかるが、真実《ほんとう》の三条公には今日がはじめてだ」

と言い終わって、呵々大笑《かかたいしょう》(3)した。

　おまえが紀州の紋さんかいな
　妾《わた》しゃ　蜜柑《みかん》が大嫌い

太政大臣
三條実美

男がよくて金持ちでそれで女がほれるなら
　可愛いや高尾は斬りゃせぬ

註

（1）越渓老師……越渓《えっけい》守謙《しゅけん》（一八一〇〜一八八四）。幕末から明治初期に活躍した臨済宗の僧。釈宗演の師。

（2）三条実美……幕末・明治期の公家。政治家（一八三七〜一八九一）。

（3）呵々大笑……大声をあげて笑う様子。

第5話　倶胝《ぐてい》和尚、指を立てる（倶胝竪指《ぐていじゅし》）

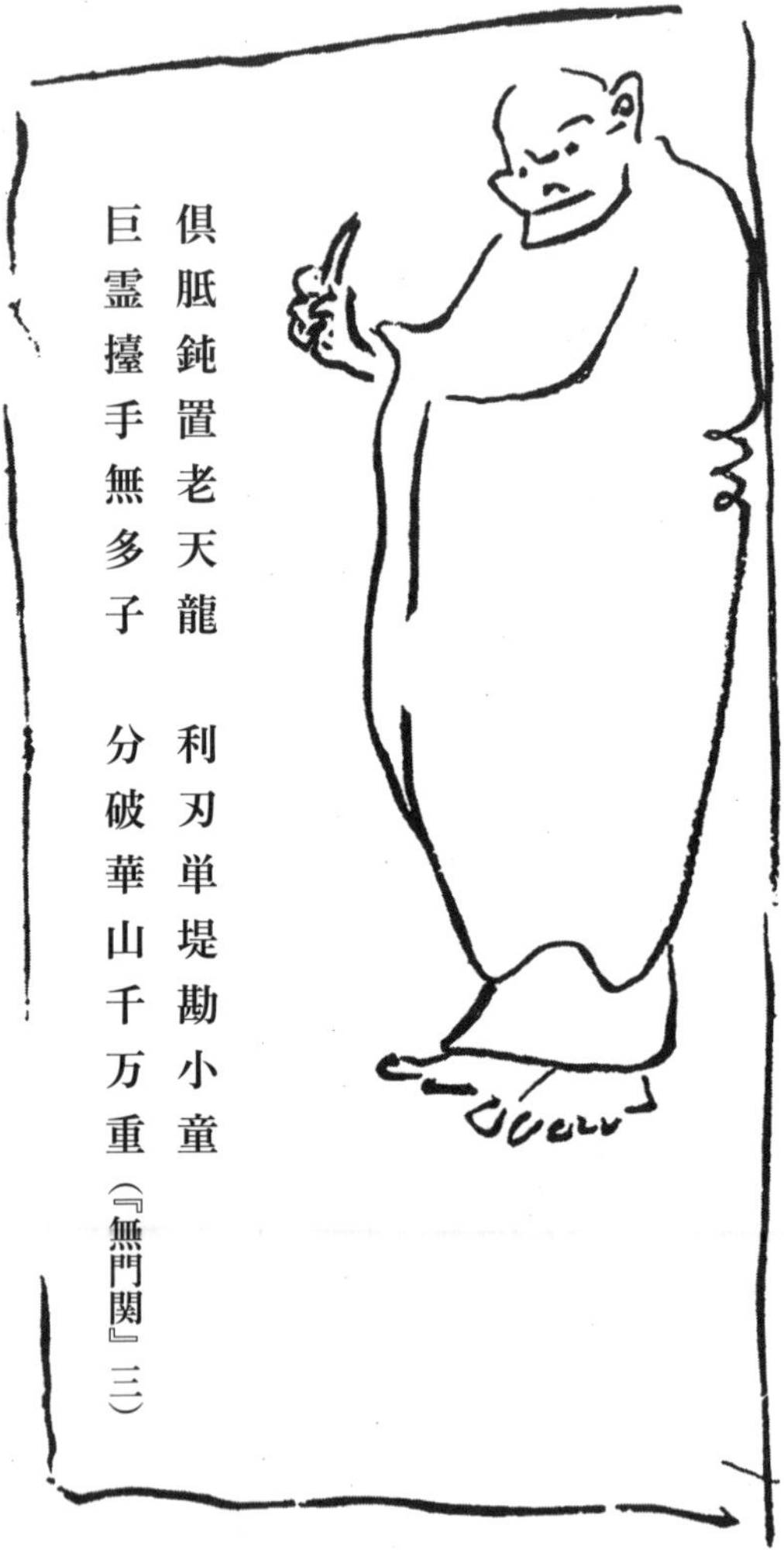

倶胝鈍置老天龍　利刃単提勘小童
巨霊擡手無多子　分破華山千万重（『無門関』三）

第５話　倶胝和尚、指を立てる（倶胝竪指）

倶胝《ぐてい》、鈍置《どんち》す老天竜《ろうてんりゅう》
利刃単提《りじんたんてい》して小童《しょうどう》を勘《かん》ず。
巨霊手《これいて》を擡《もた》ぐるに多子無《たしな》し
分破《ぶんぱ》す華山《かざん》の千万重《せんまんじゅう》

倶胝(1)は（師の）天竜を軽視して、
鋭利な小刀《こがたな》で小僧をためす。
伝説神話の（手力《たぢから》）神は無造作に、
一つの山を二つに砕《くだ》き分けたのに(2)。

倶胝《ぐてい》和尚は禅問答を受けると、いつも一本の指を立てていた。あるとき、和尚の留守に客が来て、小僧に向かって、
「倶胝和尚は平生《へいぜい》どんな説法をしておられるのか」
と問うた。小僧は生意気にも和尚の仕草《しぐさ》をまねて、一本の指を立てた。

帰宅したあとにこのことを聞くと、倶胝和尚は小僧の指を切り落とした。小僧はあまりの痛さに耐え切れず、泣きながら外に飛び出した。その背後から声をかけて呼び戻すと、小僧は立ち止まって、振り返った。和尚はなにも言わずに指を立てた。その瞬間に小僧は大悟《だいご》した。

のちに、和尚は臨終に際し、集まった弟子たちに、

「わしは師の天竜和尚より一指頭《いっしとう》の禅を教わったが、一生かかっても使い尽くせなかった」

と遺言して入滅した。何度も何度も同じことをくりかえす「百万陀羅尼《だらに》」のような説法は聞くのもうんざりで、一本の指を立てるだけの教えでたくさんだ。だが、一本の指は数えきれないほどの禅の教えを示しているのだ。

註

（1）倶胝《ぐてい》……唐代の禅者（生没年不詳）。俗姓不明。常に倶胝（准胝）観音呪を誦したので倶胝と称した。

（2）無門慧開《むもんえかい》……中国の神話に出てくる巨霊神《これいしん》（田力神《たじからがみ》）は、無雑作《むぞうさ》に一つの山を裂き、華山《かざん》と首陽山《しゅようさん》に分けたのに比べ、お前さん（倶胝和尚）は大袈裟にも小僧の指を切断した。一本の指を立ててお前さんを悟らせた師・天竜和尚を小馬鹿にしているのではないか、の意である。無門慧開の解釈。

第６話　物外不遷和尚《もつがいふせん》、近藤勇を敗る

備後《びんご》（広島県東部の伝福寺《でんぷくじ》）で少年時代をすごした物外不遷《もつがいふせん》和尚(1)は、一五歳で破門され、廻国修行し、剣術や武芸諸流を身につけ、近藤勇《こんどういさみ》(2)門下の数十人を撃ち倒したことがある。そのとき近藤勇は対戦を願った。

物外は恐れた様子で地面に伏し、

「先生は剣の道の鬼神《おにがみ》なり、雲水僧が対戦すべき相手ではない。お許しいただきたい」

と懇願した。しかし勇は許さない。しかたなく物外和尚は托鉢用の御器椀《ごきわん》を両手に持って立ちあがった。勇は、

「およそ武技を闘うには武器があるものだ。和尚も竹刀《しない》か木槍《ぼくそう》のうち、どちらかを選ぶべし」

と。物外は、

「わしは僧侶の身である。武器をとるべからず。この托鉢用の椀でよい。いざ、どこか

らでも突くがよい」

と。勇は怒り、一突きで倒さんとしたが、和尚は一寸の隙もない。瞬《まばた》きもせず、半時《はんとき》（一時間）ほど、にらみ合ったとき、勇がわずかの隙を見て、「巌《いわお》をも通れ」と槍を突き出すと、物外和尚は飛鳥のごとく身体を開き、同時に二個の椀で槍の蛭巻《ひるまき》(3)を挟みつけた。

勇が椀をはずそうと、引いても押してもビクとも動かない。まるで盤石《ばんじゃく》（大きな巌《いわお》）のごとくで、全身の汗は滝のごとく流れる。

やがて物外和尚、一喝とともに椀を離したので、勇は後ろに倒れ、槍は天井に突きささった。この一件により、物外和尚の名声は一時《いっとき》に京師《けいし》（京都）に鳴り響いた。

註

（1）物外不遷《もつがいふせん》……江戸期の禅僧（一七九四〜一八六七）。伊予《いよ》（愛媛）で生まれ、備後（広島）で修行。今弁慶の異名をもち、「永平寺の大梵鐘を軽々と持ちあげた」など、怪力を伝えるエピソードが多い。拳骨《げんこつ》和尚とも呼ばれた。

（2）近藤勇《いさみ》……幕末の新撰組局長（一八三四〜一八六八）。

（3）蛭巻《ひるまき》……槍の柄の補強方法の一つ。鉄などの金属を柄に巻きつけたもの。

第7話　胡子《なす》に鬚《ひげ》なし（胡子無鬚《こすむしゅ》）

痴人面前
不可説夢
胡子無鬚
惺惺添懵
（『無門関』四）

痴人面前《ちじんめんぜん》
夢《ゆめ》を説《と》くべからず。
胡子無鬚《こすむす》
惺惺《せいせい》に懵《もう》を添《そ》う。

おろか者に、
夢のような、たとえ話をしてはならぬ。
たとえば達磨にヒゲがない、と言えば、
利口者でも惑わされてしまうものだ。

ある庵主《あんじゅ》が大法螺《おおぼら》をふいて、
「西天竺（西インド）の達磨はどうして鬚《ひげ》が生えていないのか。釈迦もまだ口の端《はし》に乳《ちち》が付いている小僧だ。鬚のない少年の姿が目にちらつくようではダメだ。釈迦や達磨のことを離れ切った境地に立ったところに、真の禅味があるのだ」
と言った。

しかし、その釈迦を小僧と見たり、達磨をヒゲのない少年と見ている間はまだまだ悟りの境地にほど遠い。

禅に参じて悟りを得るためには、真の仏に見参《けんざん》することが大事で、釈迦がどうしたとか、達磨の鬚がどうしたなどの詮索をしているようでは、己と真仏との間がピッタリしていないから、真の禅味が得られないのだ。

鐘が鳴るかや　撞木《しゅもく》が鳴るか
　鐘と撞木の間《あい》が鳴る

花がさくらか　桜が花か
　春は　かすみの中にある

可愛《かわい》　可愛《かわい》と啼く鳥よりも
　なかぬ螢が身をこがす

第8話　荻野独園、鉄舟を打つ

山岡鉄舟(1)があるとき臨済宗の師家《しけ》・荻野独園《おぎのどくおん》(2)に会い、所見を述べた。

「心も仏も衆生も、つまるところ差別がない(3)。諸法は、本来空《くう》にして、迷いも悟りもなく、凡夫も聖もなく、煩悩もまた無し。天も地も同根にして、万物は一体。なにを根拠に彼我《ひが》得失《とくしつ》の念があろうか。一切の物体を構成する四大《しだい》（地・水・火・風）は和合して自性は無く不可得である」

と。

独園は黙って聞いたまま、一言も発せず、いきなり煙草《たばこ》の煙管《きせる》をとって鉄舟の頭を打った。鉄舟は憤然と席を進め、その無礼《ぶれい》を責めた。独園は落ちつきはらって、

「無《む》というものは、よく怒るものだな…」

と。鉄舟は苦笑いして、無言のまま退去した。

うぬぼれて力自慢に　つい付けこまれ
　重い指荷を持つ　アホウ

註

（１）山岡鉄舟《やまおかてっしゅう》……幕末から明治の幕臣。剣や禅の達人。政治家、思想家（一八三六〜一八八八）。勝海舟、高橋泥舟とともに「幕末の三舟」と呼ばれた。

（２）荻野独園《おぎのどくおん》……幕末の志士たちの敬慕を受けた臨済宗の師家《しけ》（一八一九〜一八九五）。桐野利秋、山岡鉄舟、鳥居得庵《とくあん》などを指導。今北洪川（一八一六〜一八九二。釈宗演の師）の弟弟子。師家は学徳のある禅僧のこと。特に坐禅の師をいう。

（３）心も仏も衆生も、つまるところ差別がない……『華厳経』唯心偈の「心仏及衆生、是三無差別」などを典拠としていると思われる。

第9話　香厳《きょうげん》和尚、木に上《のぼ》る（香厳上樹《きょうげんじょうじゅ》）

香厳真杜撰　悪毒無尽限
唖却衲僧口　通身迸鬼眼
（『無門関』五）

香厳《きょうげん》は真《まこと》に杜撰《ずさん》
悪毒尽限無《あくどくじんげんな》し。
衲僧《のうそう》の口《くち》を唖却《あきゃく》して
通身《つうしん》に鬼眼《きがん》を迸《ほとば》らしむ。

香厳は本当に口から出まかせで、
その悪毒はひどいものだ。
禅僧の口を閉じ、
自分は死者のように眼を剥《む》くばかり。

香厳《きょうげん》和尚(1)が言うのには、
「もしも人が木に登って、口に枝をくわえて、手を離し、足をぶらさげていたら、木の下に人が来て、あなたはなにをしているのか（とか、禅とは何か、など）と、質問しても答えようがあるまい。返事をしなければ質問した者は不満であろうし、もし返事をすれば木から落ちて一命を失うであろう。
　こんなときには、誰でも一生懸命だから、一言《いちげん》の返答もできないのが当然じゃ。達磨もこの消息を知っているから、あのように九年間も壁に向き合ったのさ。その無言をとがめて世間のわからず屋は、何も知らないと笑ったであろうが、今日でも同じことだ。どれほど長時間の談義をしても、全員が会得するものではない。逆に、たとえ一言も口を開かなくても、心服する者は心服するものだ。因縁の熟さないときには仕方がないよ」
と。

　ほう法華経と啼《な》く鳥よりも
　　笑う花には　人が寄る

註

（1）香厳《きょうごん》和尚……香厳智閑《きょうごんちかん》禅師（?〜八九九）。唐代の禅僧。潙山霊祐《いさんれいゆう》（七七一〜八五八。百丈懐海の法嗣《はっす》）の法を嗣《つ》ぐ。

第10話　滴水《てきすい》禅師、病気の独園《どくおん》和尚を見舞う

由理滴水《ゆりてきすい》和尚(1)は、臨済宗相国寺《しょうこくじ》派管長などを歴任した荻野独園《おぎのどくおん》和尚と親交を結ぶこと三〇年。独園の病いが重いと聞くや、すぐに訪ねた。

独園は昼間にもかかわらず、蚊帳《かや》を吊って、竹林の陰の一室に病臥《びょうが》していた。滴水はそのまま蚊帳の中に入り、独園の体の上にまたがり、顔と顔が触れるほど近づけて問うた。

「病いが重篤《じゅうとく》ときく、いかがか」

独園いわく、

「その通りだ」

滴水はまた、言う。

「とうてい治る見込みはないか」

独園、答えていう。

「その通りだ」

滴水、すぐに病室を出て、立ち去った。

切れにゃならぬと　諦めたらば
　長居は互いに身の不為《ためならず》

註

（1）由理滴水《ゆりてきすい》和尚……幕末から明治に活躍した禅僧（一八二二～一八九九）。備前《びぜん》（岡山県）の曹源寺・儀山善来禅師の門下。明治五年（一八七二）の禅宗三派（臨済宗・曹洞宗・黄檗宗）の管長や、天龍寺管長などを歴任。滴水の名は、手桶の少量の水を捨てたところ、師・儀山善来に「一滴の水をも活かせ、一滴の水を無駄にすることこそ殺生なり」と一喝されたことに由来している。

第11話　世尊《せそん》、花《はな》を拈《ねん》ず（世尊拈花《せそんねんげ》）

拈起花来
尾巴已露
迦葉破顔
人天罔措（『無門関』六）

花《はな》を拈起《ねんき》し来《きた》って
尾巴《びは》已《すで》に露《あら》わる。
迦葉《かしょう》破顔《はがん》
人天《にんでん》措《お》くことなし。

花をひねってみせると、
尻尾が見えた。
迦葉が笑っただけで、
だれも手を出せぬ。

世尊（釈迦）がその昔、霊鷲山《りょうじゅせん》で説法し、蓮華《れんげ》の花を一枝手に持ち、ひとひねりした。一座の弟子たちは黙然《もくねん》としていた。ただ一人、迦葉尊者だけが破顔微笑《はがんみしょう》（顔を崩して、にっこりすること）したので、世尊は、

「我に、正法眼蔵《しょうぼうげんぞう》。涅槃妙心《ねはんみょうしん》、実相無相《じっそうむそう》、微妙法門《みみょうほうもん》、不立文字《ふりゅうもんじ》、教化別伝《きょうげべつでん》の教えがある。摩訶迦葉に伝える」

と告げた、という。

世尊も人をバカにしたことをいったものである。もしも一座の者全員が笑ったら、誰に伝えるのだろう。もしも迦葉尊者が笑わなかったら、誰に伝えるのだ。元来、微笑の法門などという教化別伝の物品がどこにあるのか。もしも禅の法門に「伝授」があるの

ならば、一〇〇円、二〇〇円、一万円、百万円、一千万円、一億円の法門が無ければならぬ。それでは地獄の沙汰も金次第で禅の法門が売物になるではないか。あまりにばかばかしいごまかし方だ。

皆さん、ちょっとここらで、眉毛にツバをつけてご用心、ご用心。

第12話　徳山和尚の棒と臨済禅師

徳山《とくさん》和尚(1)は誰かが、

「いかなるか、これ仏法の大意」

「いかなるか、これ祖師西来《そしさいらい》（達磨が西から中国に来た）の意」

などと禅問答をしても、

「汝に三〇回の棒打ちをする」

と棒でなぐりつけるばかりであった。一人の僧が大喝で有名な臨済禅師(2)のもとに行って、

「徳山和尚に、いつも棒で打たれるのですが、どうしたらよいのでしょうか」

と質問した。臨済禅師は、

「なぜお前は、その棒をつかんで、『いかなるか、これ三〇棒』とやらんのだ」

と答えた。僧はたいへん喜び、さっそく徳山和尚を訪ねた。徳山和尚がいつも通り、

「汝に三〇棒を喫《きっ》せしむ」

とやると、その僧は棒をつかんで
「いかなるか、これ三〇棒」

とやった。すると徳山和尚は笑って、

「やあ、臨済に習ってきたな」

と。師家《しけ》と師家とは、互いにちゃんと分かっているのである。付焼刃《つけやきば》は役に立つものではない。鳶《とんび》が鷹の真似《まね》をしても、どうにもならないのと同じだ。

註

（1）徳山和尚……徳山宣鑑《とくさんせんかん》（七八二〜八六五）。唐代の禅者。弟子を鍛えるのに常に棒をもって教えたので「徳山の棒」を呼ばれた。

（2）臨済禅師……臨済義玄《りんざいぎげん》（?〜八六七）。唐の禅僧で臨済宗の開祖。黄檗希運《おうばくきうん》に師事し、大悟した。「徳山の棒」に対し、「臨済の喝《かつ》」と称された。

第13話　朝粥を食べたか（趙州洗鉢《じょうしゅうせんぱつ》）

只為分明極
翻令所得遅
早知灯是火
飯熟已多時
（『無門関』七）

只《た》だ分明《ぶんみょう》なること極《きわ》まれるが為《ため》に
翻《かえ》って所得《しょとく》をして遅《おそ》からしむ。
早《はや》く灯《ひ》は是《こ》れ火《ひ》と知《し》れば
飯熟《はんじゅく》すること已《すで》に多時《たじ》なりしにならんに。

あまりにもわかり切ったことなので、
かえって悟るのが遅くなる。
灯《ともしび》が火であると早く気づけば、
飯はとっくに炊《た》けていただろうに。

趙州《じょうしゅう》和尚(1)のところに雲水が入門した。翌日さっそく和尚に禅問答をしかけて、

「それがしは、ふと思いついて、入門した者です。どうか師の直々《じきじき》のご教示をお願いいたします」

と。和尚はなにくわぬ顔をして、

「朝粥《あさがゆ》を食べたか、まだか」

と聞いた。雲水は思わず、

「食べました」

と。すると和尚は、

「御器椀《ごきわん》（茶碗）を洗ってきなさい」

と突き離すように言った。その瞬間、雲水はハッと気づき、

「なるほど、仏教で説くところの一大事因縁(2)は朝飯前に一口に呑みこめるものではない」

とわかった。急《せ》くのも事による。なにより落ちつきが大切であることが知れよう。

註

(1) 趙州和尚……趙州従諗《じょうしゅうじゅうしん》(七七八〜八九七)。唐代の禅者。南泉普願に謁して契悟した。人々の要請により趙州(広東省)観音寺に住し、四〇年間にわたり独自の禅風を宣揚した。

(2) 一大事因縁……仏がこの世に出現し、一切衆生を救うという大目的のこと。この「趙州洗鉢《せんぱつ》」の公案の「朝粥を食べたか云々《うんぬん》」は、「当たり前のことを当たり前にすることの大事さ」と解釈することもできる。

第14話　麻谷《まよく》禅師の風の教え

中国・唐の時代の話である。麻谷《まよく》禅師(1)が扇子《せんす》を使用しているのを見て、一人の僧が質問した。

「風（空気）(2)はどこにもあります。それなのに、和尚はどうして扇子を用いるのですか」

と。対する禅師の答が面白い。

「風（空気）はどこにでもあることは承知していても、お前さんは、風（空気）が行きわたらないところはない、という真実を理解しておらんな」

と。僧は意味がわからず、

「風（空気）が行きわたらないところはないということの、本当の意味とは、どういうことですか」

と問うた。すると禅師は何も言わずに、扇子をあおいだ。

これは実に、禅師の教え方の特色であり、理屈ではなく実際の体験を通して、「風（空気）が行きわたらないところはない」との真理を教えようとの老婆心である。一般的に風（空気）がどこにでもあることは、誰でも知っている。しかしいかに風（空気）が一切の空間に行きわたっているとはいえ、扇子をあおがねば風がおきないときもある。

旧暦六月の炎天下に使わずにいたらどうだろう。暑くてたまらぬ。しからばその風は扇子の紙や竹から出るのであろうか。けっしてそうではない。

麻谷禅師が黙って扇子をあおいだのは、

「これこの通り、身辺に風（空気）があったにせよ、扇子を使わねば風が来ないだろう」

と示されたのである。

註

（1）麻谷禅師……麻谷宝徹《まよくほうてつ》（生没年不詳）。唐の禅師。馬祖道一《ばそどういつ》禅師（七〇九～七八八）の法を嗣《つ》いだとされる。

（2）風性の逸話……道元禅師『正法眼蔵』現成公案の巻に記された逸話。麻谷宝徹禅師が扇子を用いて風を起こした姿を見て、僧はハッと悟り、禅師に向か

って一礼をしてその場を辞した、とされている。

第15話　奚仲《けいちゅう》(1)、車を造る（奚《けい》仲《ちゅう》造《ぞう》車《しゃ》）

機輪転処
達者猶迷
四維上下
南北東西（『無門関』八）

機《き》輪《りん》転《てん》ずるところ
達者《たっしゃ》もなお迷《まよ》う。
四維《しい》上下《じょうげ》
南北東西《なんぼくとうざい》。

心の歯車のすばやい動きに、
名人・達人も追いつけない。
四隅《よすみ》も上下も、東西南北も、
ここと思えばまたあちら。

月庵《げったん》和尚(2)がある僧から質問された。

「拙僧も、たくさん車を造り、およそ百台を仕上げたが、次々に売り飛ばして、今では一対の車輪もなく、軸木までなくなってしまった」

と。月庵和尚は、

「無一物になったのだから、何事も心配する必要はないぞ。あれかこれか、あるかないか、などの思量を去ってしまえば、本来無一物の姿がわかってくる。何を苦しんでとやかく考えているのか」

と。

あら楽や花も紅葉《もみじ》も忘れては
　風の吹く夜も知らず寝にけり

註

（1）奚仲《けいちゅう》……伝説によれば、中国夏王朝《か》の車正《しゃせい》（車担当官）。はじめて車を作ったとされる。

（2）月庵《げったん》和尚……月庵善果《ぜんか》（一〇七九～一一五二）。宋代の禅僧。大溈《だいい》善果とも称す。臨済宗楊岐派。なお『五灯会元《ごとうえげん》』月庵伝や『無門関』第八則では、ある僧が月庵和尚に質問した内容は「奚仲が百台もの車を造ったが、車の両輪も車軸も取りはずしたという。いったい奚仲はどんな真理を明らかにしようとしたのか」というものである。本書の著者・池上文《ぶん》僊《せん》は、視点をずらして禅問答を構成している。

第16話　臨済禅師の「仏法の大意」

中国臨済宗の開祖・臨済禅師(1)に対し、弟子の玄定《げんてい》上座が、

「仏法の大意はいかなるものですか」

と問うた。禅師はすぐさま、質問してきた玄定の襟首をつかみ平手で打ちすえ、突き離した。その意味は、

「そなたの知らないことは仏《ほとけ》もご存知ない。仏法の大意はさだめし難しいだろうとか、ありがたかろうなどと思っていては、大変な間違いである」

「昼は働き、夜は寝る。これこそ日常の作業である。水は低きに流れ、火は上に上にと昇る。これもまた当然の理《ことわり》である。このほかに道理はない。この道理がすなわち仏法なのだ」というものである。

そのために臨済禅師は僧の襟をつかみ、一掌《いっしょう》(平手打ち)を与え、禅の境地を開かせようとしたのだ。しかるに玄定上座はそれでも気づかず、その場をウロウロしていた。傍《かたわら》

でこれを見ていた僧が、はがゆくてたまらぬため、

「礼拝をしなさい」

と促した。玄定上座は礼拝し頭を挙《あ》げようとした瞬間、大悟《だいご》した。

註

（1）臨済禅師……臨済義玄《りんざいぎげん》（?～八六七）。中国臨済宗の開祖。弟子の慧然によって、「禅語録の王」と称される『臨済録』がまとめられている。

第17話　それは良い質問だ（大通智勝）

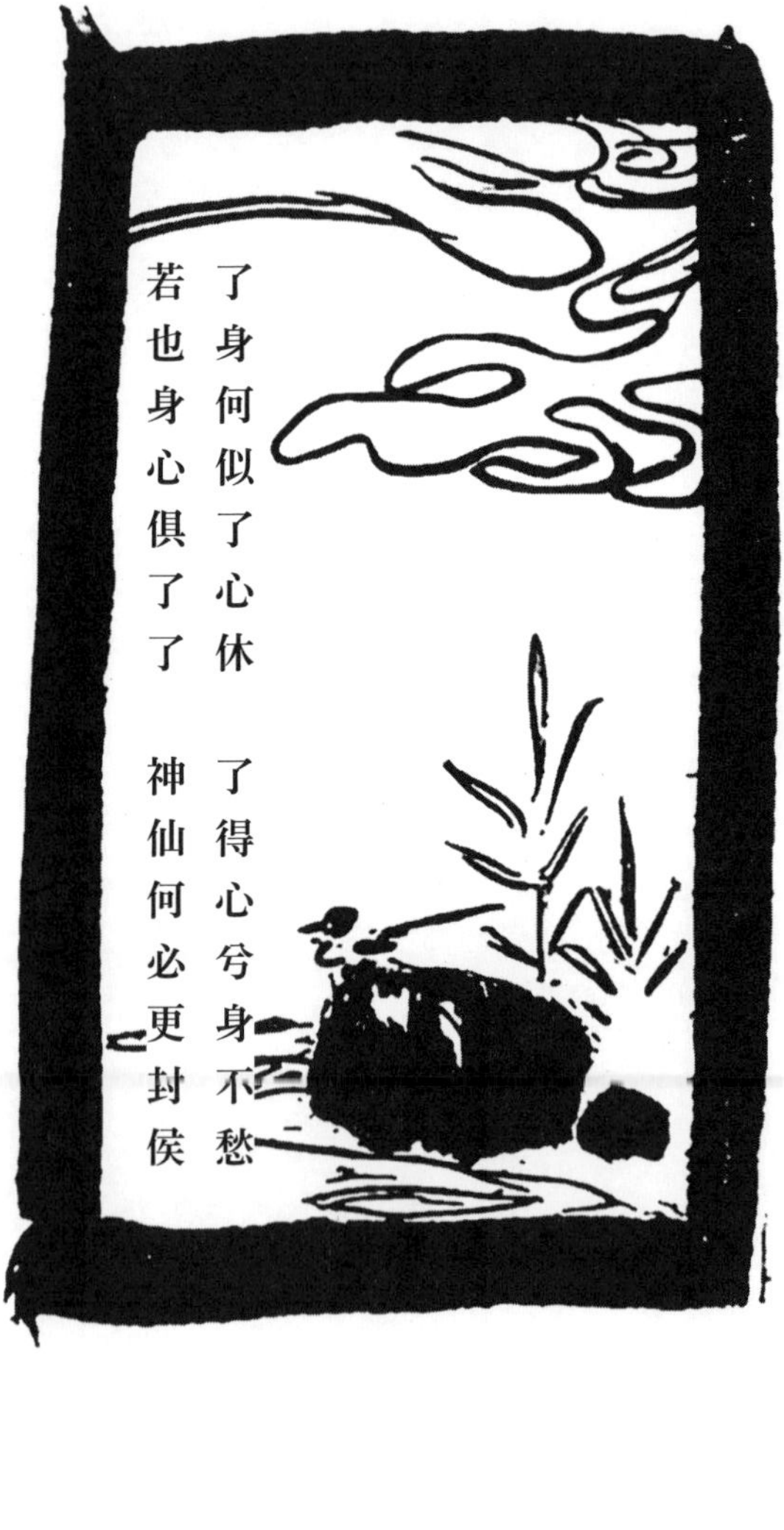
了身何似了心休
了得心兮身不愁
若也身心俱了了
神仙何必更封侯

身《み》を了《りょう》ぜんよりは何《なん》ぞ心《こころ》を了《りょう》じて休《きゅう》せん、
心を了得すれば、身《み》は愁《うれ》えず。
若《も》し身心《しんしん》ともに了了《りょうりょう》なれば、
神仙何《しんせんなん》ぞ必《かなら》ずしも更《さら》に侯《こう》に封《ふう》ぜん。

身体《からだ》と心はいずれも大事、
心を理解できれば身体の愁いも消える。
身心ともに分かり切れば、
神や仏がどうして大臣になったりする
ものか。（『無門関』九）

唐の興陽山《こうようざん》の清譲《しんじょう》和尚(1)に、あるとき僧が禅問答を仕かけた。

「大通智勝仏(2)は一〇劫《こう》(3)というとてつもなく長い間、道場で座禅をされていたのに、仏道を悟ることもなかったという。いったいどういうことですか」

と。和尚は僧の問いかけを受け流して、

「それは良い質問だ」

と。すると僧は我が意を得たりと思い、調子に乗って、さらに、

「大通智勝仏はすでに道場で座禅しているのに、どうして仏道を成就できないのでしょうか」

と。それは大通智勝仏といいながら、仏になれないというのは自家撞着《じかどうちゃく》もいいところだ、という考えであった。この発言をとらえて、清譲《しんじょう》和尚は、

「そなたが小理屈に迷っていることが、すなわち不成仏そのものなのだ。もとより唯仏《ゆいぶつ》与仏《よぶつ》の境界には議論も理屈もなく、そなたのように物知りらしく述べるところこそ凡夫なのだ。口の端に乳がついているのだ。雪と氷を比べて、はて不思議と考え込むのはまだまだ若僧の考えだ。悟りの目から見渡せば、雪も氷も一連の流れのなかで少し変化しているだけだ。仏も元は凡夫じゃ。何も最初から別の種があるのではなかろうがな」

と。

註

（1）清譲《しんじょう》和尚……興陽清譲《こうようしんじょう》。百丈懐海（七四九〜八一四）の六代のちの法孫とされるが、伝記および生没年不詳。

（2）大通智勝仏……『法華経』の「化城喩品」の偈に出てくる有名な仏。過去に出現して法華経を説いたとされる。

（3）劫……時間の単位。きわめて長い時間のこと。

第18話　一休和尚の機智「茶碗、壊れたり」

一休和尚が若いとき、ある人が寺の貴重な「蛇《じゃ》の目《め》の茶碗」を壊し、師に叱られると思い、悲しんでいた。一休さんは、

「私が引き受けた」

と言って、その茶碗をそのまま衣《ころも》の懐《ふところ》に入れて、師の帰りを待った。師が寺に戻ると、突然、問うた。

「生命《いのち》あるもの、遂にはどうなりますか」

と。師は、

「死ぬであろう」

と。一休さん、重ねて問う。

「どうして死ぬのですか」

と。師、答えて、

「生命《いのち》があるからじゃ」

と。すると一休さん、すかざず茶碗を出して、

「師よ、生命ある蛇の目の茶碗、壊れたり」

と。

第19話　清税《せいぜい》の孤独と貧乏（清税《せいぜい》孤貧《こひん》）

貧似范丹
気如項羽
活計雖無
敢与闘富

（『無門関』一〇）

貧《ひん》は范丹《はんたん》に似《に》て、
気《き》は項羽《こうう》の如《ごと》し。
活計無《かっけいな》しと雖《いえど》も
敢《あ》えて与《とも》に富《とみ》を闘《たたか》わしむ。

貧乏は范丹(1)に似ていて、
気概は項羽(2)のようだ。
生活が立ちいかぬと言いながら、
あえて持ちもの自慢をしているようだ。

曹山《そうざん》和尚(3)にある僧が、

「私、清税《せいぜい》は独身で、貧乏人です。どうか師の施し（御賑恤《しんじゅつ》）(4)で、お助けください」

と。ところが曹山和尚は、突然、

「清闍梨《せいじゃり》(5)（清税先生）よ」

と呼びかけた。すると清税は、

「ハイ」

と答えた。それを聞いた曹山和尚は、

「土手の新茶店で濁酒《どぶろく》(6)を三合もひっかけて、舌鼓《したづつみ》を打ちながら、白《しら》を切って一杯飲みたいナ、とはあまりに欲張りすぎる。ごまかそうとしても、その手は　桑名《くわな》の焼蛤《やきはまぐり》だ」

と。

註

（1）范丹《はんたん》……范冉《はんぜん》とも称した。二世紀ごろの人。貧乏を苦にしなかったという。

（2）項羽《こうう》……秦末、楚《そ》の人、『三国史』の英雄。

（3）曹山和尚《そうざん》……曹山本寂《そうざんほんじゃく》。唐代の禅者（八四〇～九〇一）。洞山良价《どうざんりょうかい》の法を嗣《つ》ぐ。
曹洞宗の名はこの曹山の「曹」と、師の「洞」によるとされる。

（4）賑恤《しんじゅつ》……貧困者や罹災者を救うために金品を施すこと。

（5）闍梨《じゃり》……阿闍梨の略。師範たるべき高僧のこと。

（6）濁酒《どぶろく》……にごり酒。曹山の返答には、清税よ、自分で伝説の范丹のような貧困と、赤壁の戦いで四面楚歌《そか》のなかで孤絶して死んだ項羽のように深い孤独にいるという。しかし「清税先生よ」と呼びかけると、「ハイ」と答える元気もあるではないか。貧窮と孤独は禅の修行のためには、財宝のようなものだ。そうした宝に恵まれ、「ハイ」と答える気概もあるのは、まるでドブロクを三杯飲んだほどのものではないか。その上に、わしに修行のためのなにを施してくれというのだ……、という意が含まれている。

第20話　雲門禅師の塵口三昧《じんくざんまい》

ある僧が雲門《うんもん》禅師(1)に、

「塵口三昧《じんくざんまい》とはどんなものですか」

と問うた。この「塵口三昧」は『華厳経』賢首品《けんしゅぼん》の、

一微塵中《いちみじんちゅう》に三昧《ざんまい》に入り
一切の微塵定を成就す。
彼《か》の微塵また増ぜず
一に於て普《あまね》く難思の殺を減ず。

という偈文に由来している。すなわち塵とはわれわれの眼前に展開している現実（差別の世界）であり、極小の一微塵の中に全ての真実（無差別の世界）が示されているということ

である。この塵口三昧は難しそうに見えるが、けっしてそうではない。雲門禅師は、
「鉢の底の飯。桶の中の水」
と答えている。鉢の中には飯を入れるべきであり、桶には清水を入れるべきものである。これを、顚倒してはならない。同じように、全てをありのままに受け取る「三昧《ざんまい》」も、考え違いをしている妄念をぬぐい去ったとき、必ず得られるものだ。

春が来れば花が咲き、秋が来れば紅葉が舞い散るのは自然の法則だ。年々歳々、間違いなく行われる節理だ。三昧定もまたその通りで、別に難しいことはない。迷いの雲の間違いを打破したところこそ、すなわち三昧定にならないものはない。

註

(1)雲門禅師……雲門文偃《うんもんぶんえん》。唐末の禅僧(八六四〜九四九)。雲門宗の開祖。雲門文偃の言葉は『碧巌録』や『無門関』などの禅語録に、公案として多数取りあげられている。なかでも「日々是好日」は有名。

第21話　趙州和尚、ゲンコツで庵主を勘《み》る（州勘庵主《しゅうかんあんじゅ》）

眼流星　機掣電
殺人刀　活人剣（『無門関』一一）

眼《まなこ》は流星《りゅうせい》　めざとさは流れ星のようで、
機《き》は掣電《せいでん》　気転の早さは稲妻そのもの。
殺人刀《せつにんとう》　人を殺す刀《かたな》が、
活人剣《かつじんけん》　そのまま人を活かす剣となる。

趙州《じょうしゅう》和尚(1)があるとき、同門の庵主《あんじゅ》を訪問して声をかけた。

「内にいるか」

と。庵主は無言でゲンコツを突き出した。すると趙州和尚は、

「こんな浅瀬では船を泊める場所もないな」

と言って立ち去った。そののちに他の庵主を訪ね、同じように声をかけた。

「内にいるか」

と。すると庵主がゲンコツを振りあげた。趙州和尚は、

「よし、よし。活殺《かつさつ》自在《じざい》なものじゃ」

と丁重に礼をして帰った。

同一のゲンコツを見て、趙州和尚は一方では、

「水浅し、船を停泊する深さがない」

といい、一方では、

「活殺自在なり」

と称し、前者の庵からは遁逃《とんとう》し、後者には拝跪《はいき》(2)している。両方ともに千斤《せんぎん》の重い意味がある。

註

（1）趙州和尚……趙州従諗《じょうしゅうじゅうしん》（七七八〜八九七）。唐代の禅者。南泉普願の法を嗣ぐ。人々の要請により趙州（広東省）観音寺に住し、四〇年間にわたり独自の禅風を宣揚した。

（2）拝跪……ひざまずいて拝むこと。かしこまること。

第22話　無我には勝てぬぞ

峨山《がざん》禅師(1)がある日、平生《へいぜい》の木綿の衣《ころも》のまま、本坊（京都・天竜寺）の裏にある曹源池《そうげんいけ》のほとりを、経を誦《じゅ》しながら散歩していた。そのとき主人の伴をして参詣に来ていた少年が禅師の側《そば》に駆け寄り

「おい坊さん、この池の魚一匹を、くれんか」

と。禅師は頭を横に振って、

「いやいや、叱《しか》られるぞよ」

と。少年は、

「そんなことを言っておいて、お前が生臭《なまぐさ》坊主の親方だろう」

と。禅師は無言のまま部屋に帰り、侍者《じしゃ》に、

「さすがの峨山も、今日の挨拶には困ったわい。なんぼ威張っても、無我には勝てぬぞ」

と。

註

（1）峨山禅師……橋本昌禎《しょうてい》（一八五三〜一九〇〇）。幕末から明治にかけて活躍した臨済宗の僧。天竜寺管長を歴任。

第23話　瑞巌《ずいがん》和尚、自身を「主人公」と喚《よ》ぶ（巌喚主人《がんかんしゅじん》）

学道之人不識真　只為従前認識神
無量劫来生死本　痴人喚作本来人（『無門関』一二）

第23話　瑞巌和尚、自身を「主人公」と喚ぶ（巌喚主人）

学道《がくどう》の人《ひと》、真《しん》を識《し》らざるは、
只《た》だ従前《じゅうぜん》より識神《しきしん》を認《みと》むるが為《ため》なり
無量劫来生死《むりょうごうらいしょうじ》の本《もと》、
痴人《ちじん》喚《よ》んで本来人《ほんらいにん》と為《な》す。

道を学ぶ人が真実を識《し》らぬのは、
旧来の常識にとらわれるから。
輪廻をくりかえす迷いのもとを、
愚か者は本来の自分と思いこむ。

瑞巌《ずいがん》和尚(1)は毎日、自分自身に、

「おい、主人公」

と呼びかけ、また自身で、

「おお」

と答え、

「天地に別法なく、真空を悟れば、我他彼此《がたひし》(2)もなければ、服従もゼロ、瞞着《まんちゃく》（あざむくこと）もゼロ、宇宙本来無一物にして、ただ現象としてこの世に現れる時と場所によって、その姿が相異するのみである。鬼を出そうが、仏《ほとけ》を出そうが、人形箱のくり出し加減じゃ」

と。

人を増やせば水も増え、
人を使えば使われる。
つまるところは主人も苦労、家来も苦労、
務《つとめ》という字に二つなし。

註
（1）瑞巌《ずいがん》和尚……瑞巌師彦《ずいがんしげん》。唐代の禅者（生没年不詳）。自問自答は「おい主人公」「おお」の応答だけでなく、「しっかりするのだぞ」「はい」や、「どんなときでも、他人に騙《だま》されるなよ」「はい」なども伝えられている。
（2）我他彼此《がたひし》……我と他と、彼と此となど、対立していること。

第24話　馬祖大師と百丈和尚の野鴨子《やおうす》問答

ある日、馬祖《ばそ》大師(1)と弟子の百丈《ひゃくじょう》和尚(2)が連れ立って歩いていると、野鴨が飛ぶのが見えた。馬祖大師が百丈和尚に問うて言う。

「あれはなんだろう」

と。百丈和尚は、

「野鴨子《やおうす》」

と答え、余計な言葉は言わない。馬祖大師は百丈和尚を斬りそこねたので、

「どこに行くのだろう」

と問いかけた。百丈和尚、また答えて、

「飛んで行ってしまいました」

と。さすが両雄の禅問答だけあって、勝敗がなかなか決しない。どこへ行くと方角を指《ゆびさ》さぬ百丈の答えは少しのスキも見せない。すると馬祖大師がいきなり百丈和尚の鼻をね

じった。なんのために鼻をひねったのであろうか。百丈は、

「痛い」

と叫んだ。その叫びの終わらぬうちに、馬祖大師が、

「飛び去ったというのでは、わからない（野鴨はホラ、ここにいるではないか）」

と。百丈和尚が元来、去るも来るもない所に向かって飛び去ると言うのでは、瑕《きず》のない珠玉に瑕をつけたようなものである。「不去不来《ふこふらい》」の所に「去来《きょらい》」のあることを、日々の禅堂生活の中で心がけているにもかかわらず、その真意を理解していないために、馬祖大師が百丈和尚の鼻をひねったのである。


朝がくるたびに仏を抱いて起床し、夜が訪れるたびに仏を抱いて眠っているが、それに気づかずにいるのはお気の毒と思い、老婆心のあまり鼻をひねったのである。もしその理《ことわり》を知らなければ、天下の人はことごとく馬祖大師によって鼻をひねられるところとなるだろう。

註

（1）馬祖大師……馬祖道一《ばそどういつ》。唐代の禅僧（七〇九〜七八八）。中国南宋禅の一つ「洪州

宗」の祖。弟子に百丈懐海や南泉《なんせん》普願などがいる。

（2）百丈和尚……百丈懐海《えかい》。唐の禅僧（七四九～八一四）。大智禅師。師の馬祖道一より嗣法《しほう》し、禅門の規範「百丈清規《しんぎ》」を定めた。「一日作《な》さざれば、一日食《く》らわず」などの語録を残した。

第25話　末期の一句の会得（徳山托鉢《とくさんたくはつ》）

識得最初句　便会末後句
末後与最初　不是者一句（『無門関』一三）

最初《さいしょ》の句《く》を識得《しきとく》すれば
便《すなわ》ち末後《まつご》の句《く》を会《え》す。
末後《まつご》と最初《さいしょ》と
是《こ》れ者《こ》の一句《いっく》にあらず。

最初の一句を理解できるなら、
すなわち、最後の一句も分かるはずだ。
最後と最初の一句とは、
それぞれ別のものさ。

徳山《とくさん》和尚(1)が托鉢に出ようとしたとき、弟子の雪峰(2)が問いかけた。

「まだ夜も明けぬのに、老僧はどこにウロウロ出かけるのですか」

と。徳山和尚はハッと気がつき、

「なるほど、なるほど」

と言って方丈に帰った。そこで雪峰は得意になって、兄弟子の巌頭《がんとう》和尚(3)に話したところ、巌頭は、

「大和尚といっても、まだ末後の一句を会得していないのだよ」

と。徳山和尚はこのことを聞いて、待者に巌頭和尚を呼び寄せさせ、

「貴公は、わしを何と思っているのか」

と問い正した。すると巖頭和尚は徳山和尚の耳に口を近づけて、密《ひそ》かに意見を述べた。それを聞いて徳山和尚はたちまち事情を察した。

さて、その翌朝、禅堂に登った徳山和尚の様子がいつもと違い、堂々たる態度で見事に講じた。それを見た巖頭和尚は得意満面になり僧堂の前で手をたたき、大笑いして、

「徳山老僧が末後の一句を会得されたのはまことにめでたい。今後は天下の人物が老僧のことをあれこれ言うことはできぬ」

と言った。

註

（1）徳山和尚……徳山宣鑑《とくさんせんがん》（七八〇〜八六五）。「徳山の棒、臨済の喝」と言われ、棒で弟子を鍛えたので有名な唐代の禅僧。
（2）雪峰和尚……雪峰義存（八二二〜九〇八）。徳山の教えを受けた禅僧。炊事の労役を引き受けていた。
（3）巖頭和尚……巖頭全豁《がんとうぜんかつ》（八二八〜八八七）。徳山和尚の法を嗣いだ弟子。

第26話　峨山禅師の「魚肉は珍しくない」

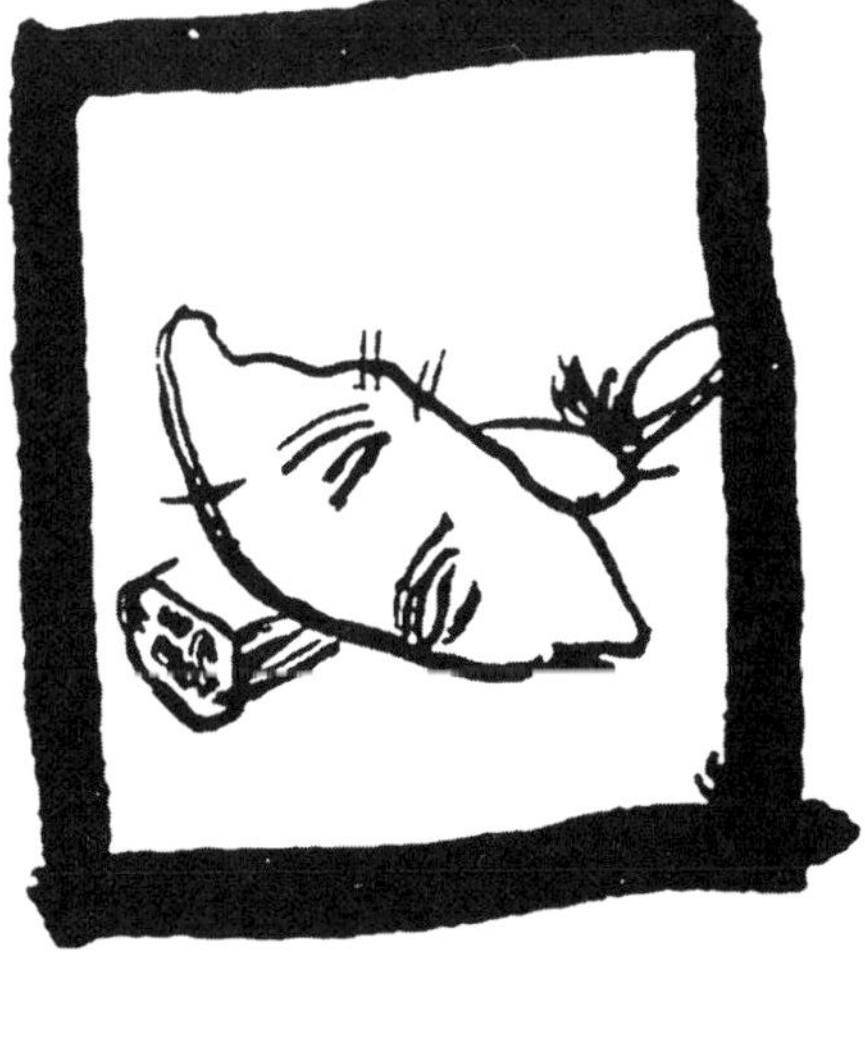

峨山《がざん》禅師(1)がある日、京都に入り某居士《ぼうこじ》を訪ねた。ちょうど昼飯の時間だったので、居士は特別に料理屋に命じて魚や肉のご馳走を用意して、禅師にすすめた。禅師はおだやかな微笑を浮かべながら、

「おいおい、わしは朝から晩まで、このような魚肉のご馳走を食べ通しに食べているから、いっこうに珍しいとは思わない。せっかくご馳走してくれるのなら、茶飲み茶碗から何から何まで灰で磨いて、少しも醒《なまぐさ》くないようにして、食わせて欲しい」

とからかわれた。居士はのちに、

「いっこうに珍しくない、と言われては、二の句がつげぬ。さすがは峨山和尚だ。他の坊さんたちとは違う」

と人に語ったという。

註

(1)峨山禅師……橋本昌禎《しょうてい》(一八五三~一九〇〇)。幕末から明治にかけて活躍した臨済宗の僧。天竜寺管長を歴任。

第27話　趙州が居たならば（南泉《なんせん》斬猫《ざんみょう》）

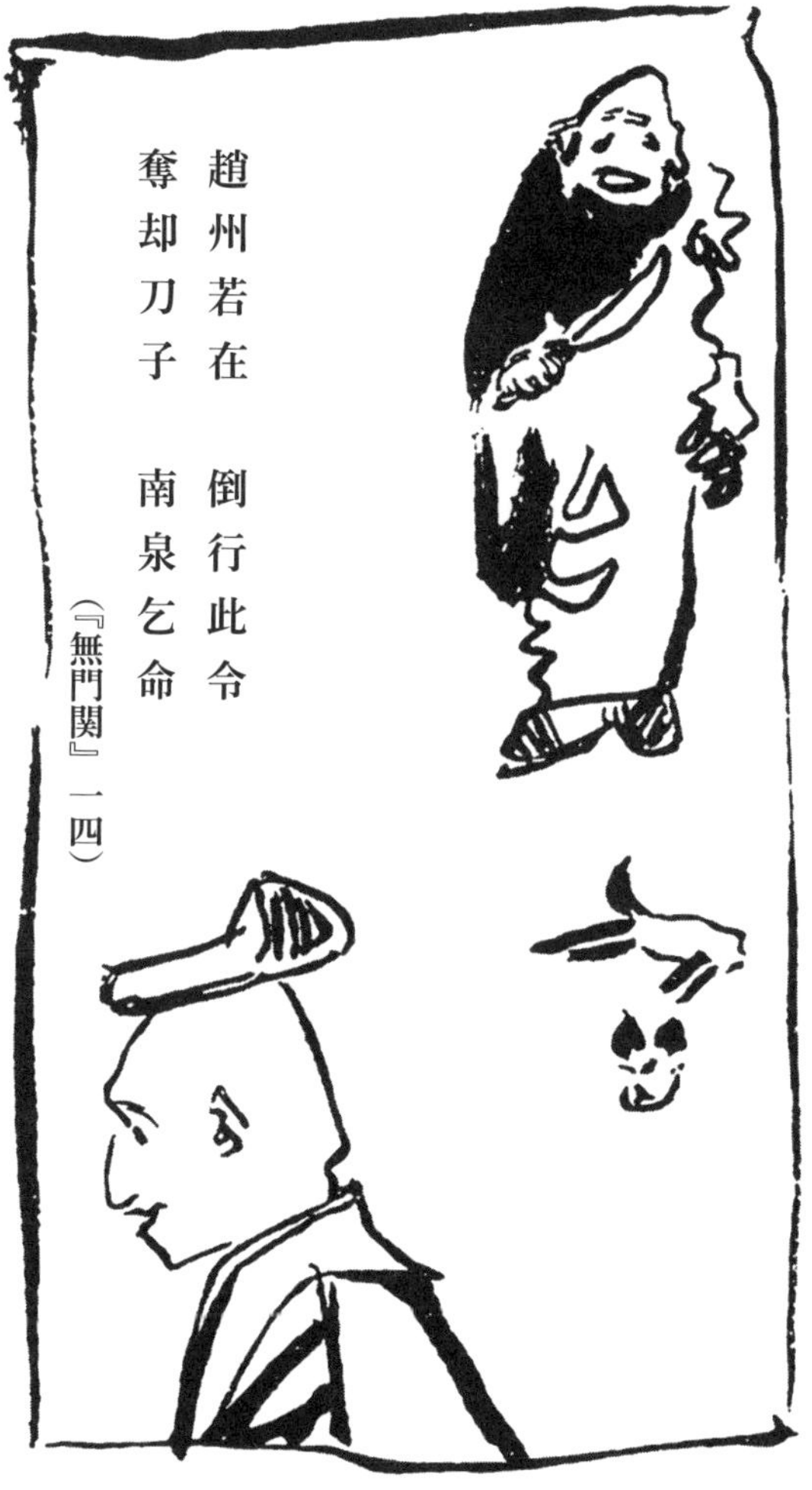
趙州若在　倒行此令
奪却刀子　南泉乞命
（『無門関』一四）

趙州《じょうしゅう》若《も》し在《あ》らば　　趙州和尚が居たならば、
倒《さかしま》にこの令《れい》を行《ぎょう》ぜん。　　まったく逆のやり方になったはず。
刀子《とうす》を奪却《だっきゃく》して　　刀を奪い取られて、
南泉《なんせん》も命《めい》を乞《こ》わん。　　南泉和尚の方が命乞《いのちご》い。

南泉和尚(1)の東西の禅堂で、一匹の猫の帰属をめぐって争いが起きた。南泉和尚は争いのもとの猫をつかまえ、

「お前たちがこの猫のために、仏の道にかなうような答弁をすれば、猫を放つ。明解な返答がなければ、ひと思いに猫を斬る。どうだ」

と雲水たちに問うた。誰も答えない。そこで南泉和尚は一刀のもとに猫を斬り捨てた。

夕方になって弟子の趙州和尚(2)が外出先から帰った。南泉和尚が昼間の出来事を話すと、趙州和尚は履物《くつ》を脱いで頭上に載せて部屋を出ていった。

南泉和尚は感服して、

「趙州が居たならば、猫を助けられたものを」

と言った。

註

（1）南泉和尚……南泉普願《なんせんふがん》（七四八〜八三四）。唐代の禅者。馬祖道一禅師の法を嗣《つ》ぐ。百丈懐海、西堂知蔵とともに馬祖門下の三大師と称された。趙州《じょうしゅう》従諗《じゅうしん》の師。

（2）趙州和尚……趙州《じょうしゅう》従諗《じゅうしん》（七七八〜八九七）。唐代の禅者。南泉普願に謁して契悟した。人々の要請により趙州（広東省）観音寺に住し、四〇年間にわたり独自の禅風を宣揚した。

第28話　洞山と神山僧密の二人、白兎を見る

洞山禅師(1)と密師伯《みっしはく》(2)が連れ立って歩いていると、白兎が目の前を飛び去った。

伯　あれあれ、素早いことではござらぬか。
洞山　その素早いところを言ってみい。
伯　今まで無官の大夫《だゆう》が一気に宰相の位に進んだようなものでござる。
洞山　あいかわらず、年に似合わぬつまらぬことを言いおるな。
伯　では、お前さん、言ってごらん。
洞山　堂々たる威厳は天下にとどろき、位人臣《くらいじんしん》を極めた人が、急に零落《おち》ぶれたようなものじゃ。

密師伯の考えは上昇面（向上門）のみを見て、下降面（向下門）を見ていない。百尺竿《ひゃくしゃくかん》

第28話　洞山と神山僧密の二人、白兎を見る

頭《とう》を一歩進めることのみを見て、竿頭から下《お》りることを知らない。それゆえに洞山禅師はその偏見を打破しようとして、向下門を述べたのだ。百尺竿頭を上《のぼ》りつめたら、ヒラリと体《たい》をかわして、下化衆生《げけしゅじょう》を心がけねばならない。悟りの境界《きょうがい》は仏地《ぶっち》(仏の世界)であり、そこには衆生への働きかけがなければならないのだ。

註

(1)洞山禅師……洞山良价《とうざんりょうかい》(八〇七〜八六九)。唐代の禅僧。曹洞宗の開祖。

(2)密師伯……神山僧密《しんざんそうみつ》。唐代の禅者。洞山良价と同行すること二〇年。洞山の弟子たちは密師伯と尊称した。

(3)百尺竿頭……百尺もある長い竿の先端のこと。『伝灯録』の「百尺竿頭、すべからく一歩を進むべし」の語録から、工夫を尽くした上にさらに向上の一歩を加える意の「百尺竿頭一歩を進む」の成句が生まれた。

第29話　洞山和尚の六〇棒（洞山三頓《とうざんさんとん》）

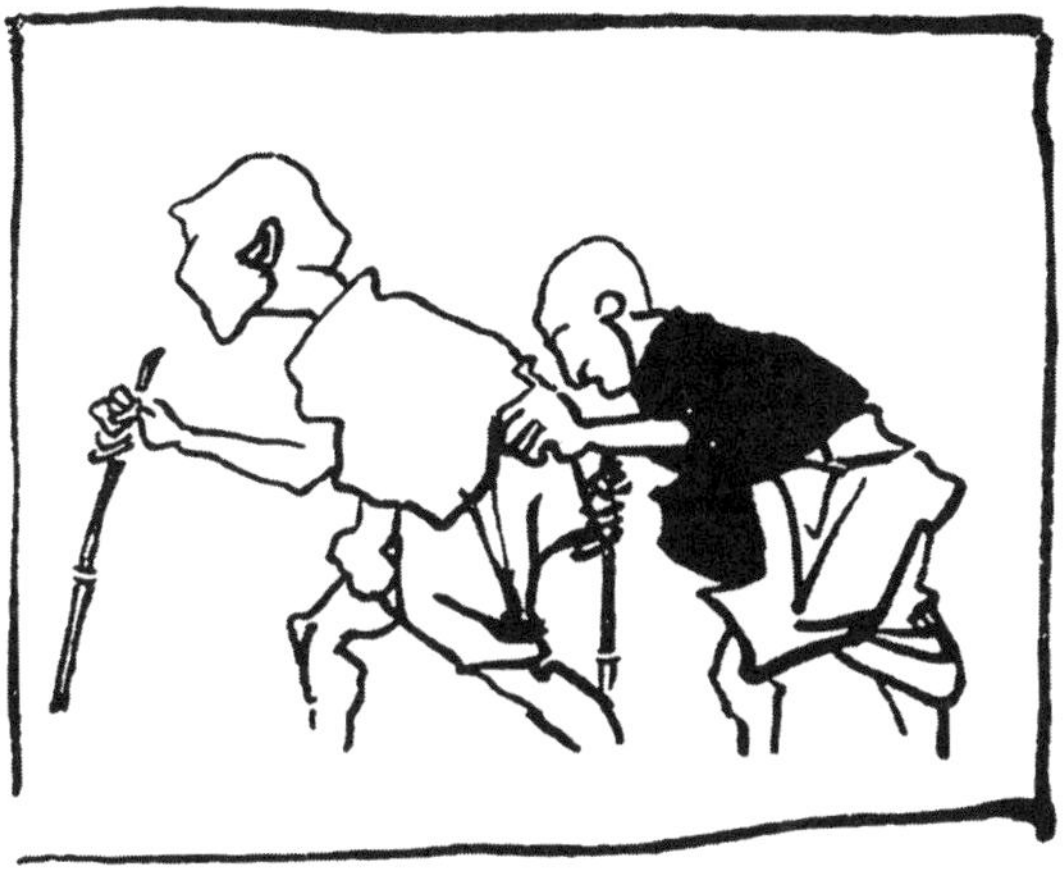

獅子教児迷子訣
擬前跳躑早翻身
無端再敍当頭著
前箭猶軽後箭深

（『無門関』一五）

獅子《しし》、児《じ》を救《すく》う迷子《めいし》の訣《けつ》、
前《すす》まんと擬《ぎ》して跳躑《ちょうちゃく》して早く翻身《ほんしん》す。
端《はし》なく再《ふたた》び斜《め》ぶ、当頭著《とうとうじゃく》、
前箭《ぜんせん》は猶《な》お軽《かる》く、後箭《こうせん》は深《ふか》し。

獅子の子育ては迷える者の手引き、
進むと思わば、さっと身を翻《ひるがえ》す。
思いとは別に、再び打たれ、
最初の矢はかすめたが、第二矢がグサリと。

雲門《うんもん》和尚(1)は、初めて参禅してきた洞山(2)に問うた。
雲門「人と親しくなるのと、離れるのと、どこを目安にするか」
洞山「瀬踏みして渡れば可能です」
雲門「この夏《なつ》(夏安居《げあんご》)はどこで修行していたのか」
洞山「湖南《こなん》の報慈寺《ほうじじ》です」
雲門「いつごろ、湖南を出たのか」
洞山「そうですね。八月五日に出発しました」
雲門「お前に三頓《さんとん》(六〇回)の棒打ちを食らわすところだが、やめた」

洞山は合点がゆかぬので、翌日、再び雲門和尚の元に行き、

「昨日は、和尚に六〇回棒で打つところだ、と言われましたが、その過《とが》はなんであったのでしょうか」

と。雲門は、

「この、ごくつぶしめ、江西《こうぜい》や湖南をウロついて何をしていたのだ」

と。そこで洞山は合点して、

「なるほど、一大事因縁は悠々寛々《ゆうゆうかんかん》（のんびりすること）として求めるものではない」

と大悟した。

註

（1）雲門和尚……雲門文偃《うんもんぶんえん》（八六四〜九四九）。唐代の禅者。雲門宗の始祖。
（2）洞山……洞山守初《どうざんしゅしょ》（九一〇〜九九〇）。唐代の禅者。雲門文偃の法を嗣ぐ。「麻三《まさん》斤《きん》」の公案で有名。中国曹洞宗の始祖の洞山良价《りょうかい》とは別人である。
（3）三頓《さんとん》……一頓は二〇の意。

第30話　家康になったらどうじゃ

峨山《がざん》禅師(1)がある日、大阪北区の寒山寺に投じた。そのとき法学士某《ぼう》が居あわせ、禅師に向かって、

「老師が今日《こんにち》、天竜寺の住職であり、また天竜寺流の管長であるのは、元より一身の名誉でありますけれども、これはただ槿花《きんか》一朝《いっちょう》の栄《えい》(2)にすぎず、どうしてすみやかに一身の煩累《はんるい》(わずらわしさ)を脱して、一休禅師を慕い、沢庵和尚に学んで、孤身飄零《こしんひょうれい》、白雲流水《はくうんりゅうすい》を友として大法螺《おおぼら》を吹き立てて、天下を馬鹿にしないのですか」

と。

峨山禅師は笑って、

「宗門の管長や住職となれば、法螺が吹けないという法規もなければ、法律もないから、都合次第で一休になるのも、また沢庵になるのも、実に自由自在じゃ。お前さんも四角四面な法律家を辞めにして、ちょっと家康になってはどうじゃ」

と。法学士は呆然として言語を失った。

註

（1）峨山禅師……橋本昌禎《しょうてい》（一八五三〜一九〇〇）。峨山は道号。明治に活躍した臨済宗の僧。由利滴水の法嗣。天龍寺二三八世、管長。

（2）槿花一朝の栄……朝咲いて夕にはしぼむ槿《むくげ》の花のように、はかないこと。

第31話　鐘が鳴ると七条(1)を着る（鐘声七条《しょうせいしちじょう》）

会則事同一家
不会万別千差
不会事同一家
会則万別千差

（『無門関』一六）

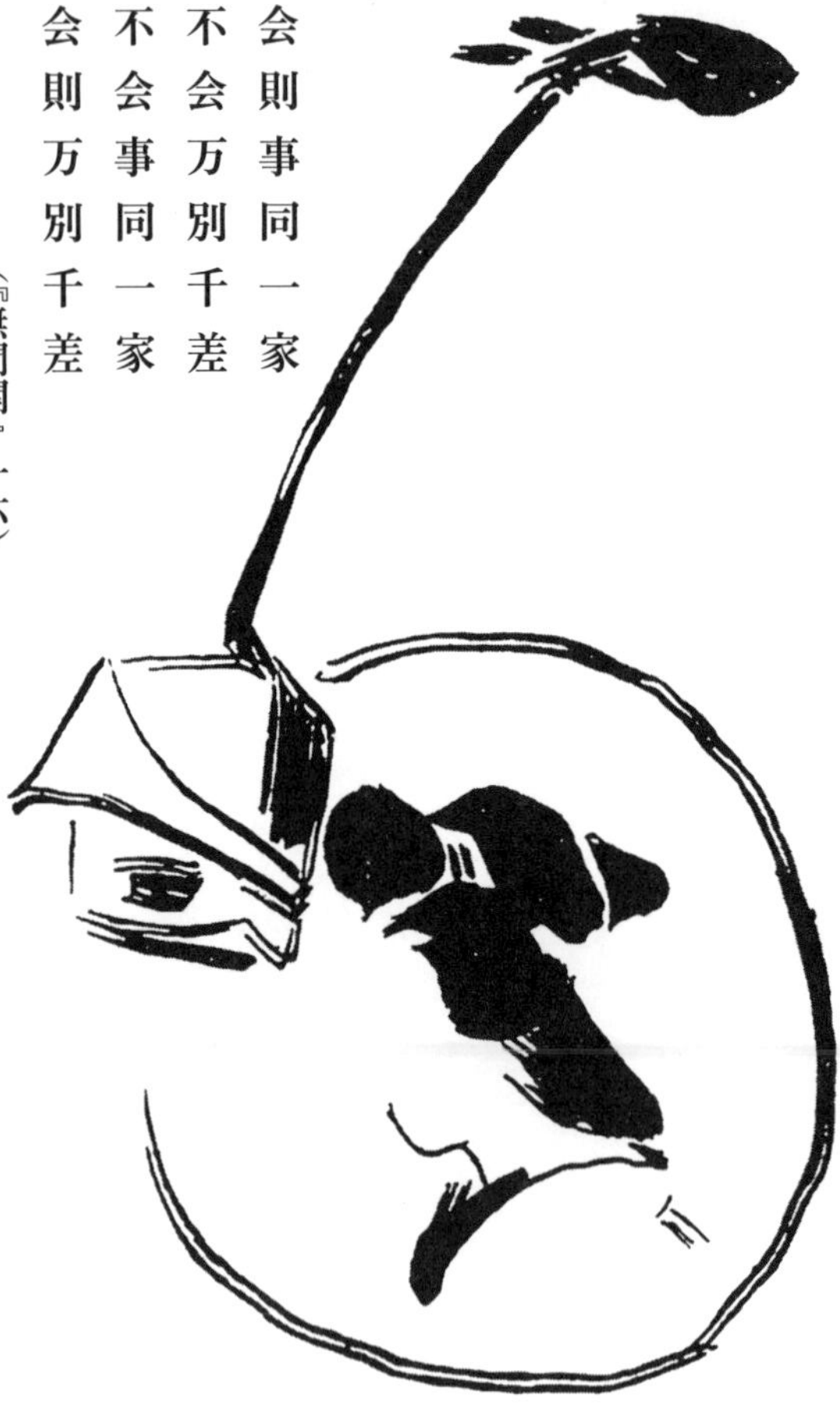

会《え》すれば則《すなわ》ち、事《じ》、同一家《どういっけ》、　分かってしまえば、すべては同じで、
会《え》さざれば、万別千差《ばんべつせんしゃ》。　分からなければ、別に（見える）ものだ。
会《え》さざるも、事《じ》、同一家《どういっけ》、　（また）分からなくて、すべて同じ（に見える）ものも、
会《え》すれば、万別千差《ばんべつせんしゃ》。　分かってしまえば、別々のものだ。

雲門和尚(2)が言うには、
「世界は実に広いものだが（合図の鐘が鳴ると袈裟《けさ》を着るなど）鐘の声ばかりを気にしていてはならない。音声《おんじょう》に引きずられたり。色相《しきそう》（かたち）を気にしていたのでは、とても大悟などできない。音声が耳に入ってくるのか、耳が音声の方に出かけていくのか。鐘がガーンと鳴らぬときでも聞き取れるのは、心眼《しんがん》が開け、無声の声を聞き分けるからだ」と。

闇の夜に啼《な》かぬ烏《からす》の声きけば
生まれぬ先の父ぞ恋しき

註

（1）七条《しちじょう》……「七条の袈裟」の略。僧尼の着る衣には大衣、中衣、小衣の三衣《さんえ》があり、その中の中衣のこと。禅林では公式の場に出るときに用いる。

（2）雲門禅師……雲門文偃《うんもんぶんえん》。唐末の禅僧（八六四〜九四九）。雲門宗の開祖。雲門文偃の言葉は『碧巌録』や『無門関』などの禅語録に、公案として多数取りあげられている。なかでも「日々是好日」は有名。

第32話　お経の転読《てんどく》をして下さい

役人が洞山《どうざん》和尚(1)を招待して法事を営み、

「大蔵経を転読《てんどく》(2)して下さい」

と頼んだ。洞山はただちに禅床《ぜんしょう》を下りて一礼した。すると役人も一礼したので、洞山は役人の手を取って一緒に禅床を廻ること一回、役人に向かって一礼して言った。

「どうです。解りましたかな」

と。役人はしばらく考えていたが、

「いや、さっぱり合点が参りません」

と。洞山が言った。

「私とあなたで大蔵経を転読しました。解りませんか」

悟りへの一挙手一投足《いっきょしゅいっとうそく》は回って迷いを離れ、妄見を超絶しているから、ことごとく大蔵経五千七百の経巻を転読しているようなものである。花が咲き、蝶が舞うのも一個の転読にほかならないのである。

この大蔵経は単に黄色の紙の巻物や赤い軸装の「お経」ばかりではない。人それぞれが経巻なのだ。自分自身で転読すべきで、他の人に転読してもらうべきものではない。朝起きて洗面するのも、お経の転読であり、夜に寝床に入るのもまたお経の転読である。

註

（1）洞山和尚……洞山良价《とうざんりょうかい》（八〇七〜八六九）。唐代の禅僧。曹洞宗の開祖。

（2）転読……①お経を読誦すること。②大般若経六〇〇巻の転読に代表されるように、各巻冒頭の品名等を略読して、全巻を読誦したことに代えること。

第33話　南陽国師の三度の呼びかけ（国師三喚《こくしさんかん》）

鉄枷無孔要人担　累及児孫不等閑
欲得撐門並拄戸　更須赤脚上刀山（『無門関』一七）

鉄枷無孔《てっかむく》、人の担《にな》わんことを要《よう》す、
累《わざわい》、児孫《じそん》に及《およ》んで等閑《とうかん》ならず。
門《もん》を撐《ささ》え、戸《と》を拄《ささ》えんと欲得《ほっ》せば、
更《さら》に須《すべから》く赤脚《せききゃく》にして刀山《とうざん》に上《のぼ》るべし。

孔《あな》のない鉄の首枷《くびかせ》をつけられて、
災いは孫子《まごこ》の代まで及ぶ。
お家大事に家門を守るなら、
裸足《はだし》で地獄の針の山を登れ。

南陽《なんよう》国師(1)が侍者《じしゃ》(2)に三度、声をかけた。侍者も三度返事した。

国師が言うのには、

「わしがお前をバカにして何度も呼んだのか。お前がわしをバカにして、何度も返事しながら来なかったのか。口が肥えて、美味しい食事に舌が慣れると、何を食べても美味しくないものじゃ。これは要するに、舌が悪いのであろうか、または料理が悪いのであろうか。鳴子《なるこ》も慣れれば雀も驚かぬなど、うがった地口《じぐち》（俚諺《りげん》）のようなものだな」と。

少女いわく。

「元結（の紙縒《こより》）は一度使えば充分で、二度目は汚れるし、三度目には切れていますよ」

註

（1）南陽国師……南陽慧忠（六七五～七七五）。唐代の禅僧。六祖慧能の法を嗣ぐ。国師は国を挙げて帰依する師という意味。南陽慧忠は唐の粛宗と代宗の二代の皇帝の参禅の師であったため、国師と称された。

（2）侍者……禅寺にあって、師や寺の長老に仕え、日々の雑務を担当する弟子。

第34話　本心と幽霊

峨山禅師(1)が某《ぼう》居士に語った。

私が、

「世の中のたいていの奴は、幽霊のようなものじゃ」

と言ったら、某居士（法学士）が、それは的がはずれていると長々と理屈をこねていたが、その博士も理屈以外には何もない。やはり幽霊じゃ。

今の学者は人の智慧を借りて、皆、しゃべっているのだ。それだからダメだ。学問も智慧もすっかり打ち捨てて、本心のままに仕事をするのでなければ、ロクなことはできぬ。

仕事を始める前に、こういうように仕事をして、こういう風に切り回そうと、前もって術策を立ててやるのが世間のやり方だが、それが一番悪いのだ。世の中を渡るのに、

なにやかやと考えたとて、その通りに世の中がなるものでない。ただその思慮分別を一切打ち捨てて、妄想や煩悩のために本心をおおわれぬようにするのが大事じゃ。

古人は本心を磨きあげることに、なかなか骨を折ったものだよ。磨きあげておくと、いつ用いようと自由なものじゃ。機に臨み、時に応じて、次々と妙策が出て、世渡りが面白くなる。

幽霊だと、人の意見を聞いて、じきに迷い出す。甲《こう》の人の話を聞くと、それが良いように思われ、乙《おつ》の人の話を聞くと、また、それが良いように思われて、自分はいつも幽霊で、人の後について廻らねばならない。これが本心を磨いてない証拠じゃ。人から借りた智慧や、本の上で習ったことは、実地に臨むと何の役にも立つものではない。

お前も、脚下《あしもと》を要心して、本心を磨いておくがよいぞ。

註

（1）峨山禅師……橋本昌禎《しょうてい》（一八五三〜一九〇〇）。峨山は道号。明治に活躍した臨済宗の僧。由利滴水の法嗣。天龍寺二三八世、管長。

第35話　洞山和尚の麻三斤（洞山三斤《とうざんさんぎん》）

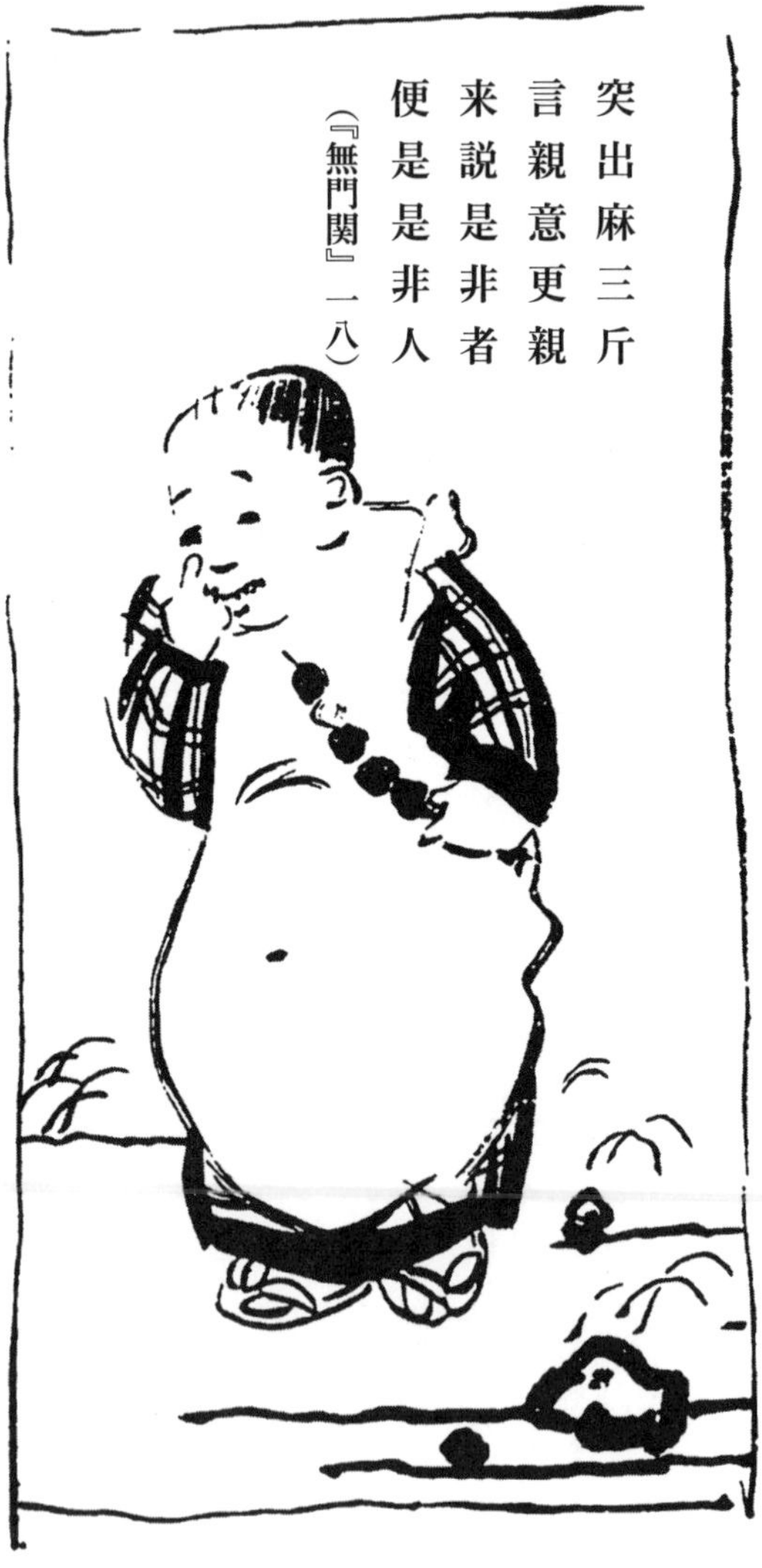
突出麻三斤
言親意更親
来説是非者
便是是非人
（『無門関』一八）

突出《とっしゅつ》す麻三斤《まさんぎん》、
言親《げんした》しくして意更《いさら》に親《した》しし。
来《き》たって是非《ぜひ》を説《と》く者《もの》は、
便《すなわ》ち是《こ》れ是非《ぜひ》の人《ひと》。

突然出された麻《あさ》三斤[1]、
言葉は親切、心もまた親切。
けれど、あれこれ言う者は、
やっぱり理屈第一の人だ。

洞山和尚[2]に、ある僧が禅問答を仕かけ、

「いかがこれ仏」

と問うた。あまりにバカバカしい問いなので、洞山和尚は、

「麻《あさ》三斤ぐらいのものよ」

と。蚌《ぼう》（カラスガイ）と蛤《こう》（ハマグリ）を比較するような禅問答で両方の貝を開いて身を出したのである。

貝はむき身にすればフタもなくなる。詮索《せんさく》も物と品とによるね。仏も元は凡夫で、言うならば麻の束《たば》と変わりはないよ。はるか彼方に木仏《きぶつ》や金仏《かなぶつ》や蓮華座上の仏が見えて、自分の手元に見えぬのが一番ダメだ。この木人参《ぼくにんじん》め。

註

（1）麻三斤《あさざんぎん》……衣が一着作れるほどの麻糸とする説と、麻の実が三斤（約一・八キログラム）あったとする説がある。麻は洞山和尚が栽培していたものと伝えられている。

（2）洞山和尚……洞山守初《しゅしょ》（九一〇〜九九〇）。唐代の禅者。雲門文偃《うんもんぶんえん》の弟子。

第36話　大西郷かな

峨山禅師[1]が大接心《だいせっしん》[2]が結了《けつりょう》した翌日の夕刻、所化《しょけ》（修行中の雲水）数名を集めて言った。

「このところ大接心で疲れたであろう。これは薬石《やくせき》療養だ。まあ、一杯飲め」

と。さらに鉢の底のサツマイモをおもむろに取って膳の片端に置き、箸で左から突き、

「これでいかねば」

と右より突き、

「うむ、これでもいかぬか」

と、さらに前後より突き、役僧たちを見渡して、

「これは誰だ、伊藤博文か」

と。また、前後左右よりサツマイモを突き、

「これでいかねば」

と膳の下より手を伸して、

「これは誰だ、山県有朋《やまがたありとも》か」

と。また四方八方よりサツマイモを突き、下よりつかんで、

「これでいかずば」

と鷲づかみに上からこれをつかみ、

「これは誰だ」

と。役僧たちは、きっと大接心中のことを政客に託して諷刺しているものと気づき、ヒヤ汗を流し、見守っていたが、一人の僧が峨山禅師の顔を見守りながら、

「さあ、それは誰でしょう」

と。禅師は微笑していわく、

「大西郷かな」

と。

註

（1）峨山禅師……橋本昌禎《しょうてい》（一八五三〜一九〇〇）。幕末から明治にかけて活躍した臨済宗の僧。天竜寺管長を歴任。

（2）大接心……一二月八日の釈迦成道の記念に、禅宗寺院で行われる坐禅の修行。一二月一日から八日の朝まで集中的に坐禅し、昼夜を分かたず坐禅し続ける道場もある。成道会、臘八接心《ろうはちせっしん》とも呼ばれる。

第37話　平常《びょうじょう》、是《こ》れ道《みち》（平常是道《びょうじょうぜどう》）

春有百花秋有月
夏有涼風冬有雪
若無閑事挂心頭
便是人間好時節
（『無門関』一九）

春《はる》に百花《ひゃくか》あり、秋《あき》に月《つき》あり
夏《なつ》に涼風《りょうふう》あり、冬《ふゆ》に雪《ゆき》あり。
若《も》し閑事《かんじ》の心頭《しんとう》に挂《かか》るなくんば
便《すなわ》ち是《こ》れ人間《じんかん》の好時節《こうじせつ》。

春は花、秋は月、
夏は涼風、冬は雪。
心配ごとがなければ、
これ、いつでも人生の佳《よ》き時節。

趙州和尚[1]が師の南泉和尚[2]に問いかけた。

「道とはどういうものですか」

と。南泉和尚は、

「平常《びょうじょう》の心が道である」

と。趙州和尚は、

「どのように工夫すればよいのですか」

と。南泉和尚は

「工夫に擬《こ》るとわからなくなるぞ」

と。趙州和尚は、

「さりとて、擬《こ》らねば道がどういうものかわからぬではないですか」

と。南泉和尚いわく、

「道というものは知るものでも知識にかかわるものでもない。知っているなどというのは誤った感覚で、口から出まかせだ。知らないというのは石瓦のようなものよ。本当に道に達したならば、大空が広々として広大なるように、何もさえぎるもののないものよ。強《し》いて、あれこれというものではない」

と。趙州和尚はこの一言を聞くと
「なるほど」

とたちまち悟った。


道は少しも日常から離れたものではない。日常から離れたものは道にあらず。常識をもとに行っていること、ごくごく当たり前に行っていることこそ、皆、大道である。柳は緑で、花は紅、烏《からす》はカアカア、雀はチュンチュン、これすなわち究極の道じゃ。

註

（1）趙州《じょうしゅう》和尚……唐代の禅者、趙州従諗《じゅうしん》（七七八〜八九七）。南泉普願の法を嗣ぐ。

（2）南泉《なんせん》和尚……南泉普願《ふがん》（七四八〜八三四）。唐代の禅者。馬祖道一《ばそどういつ》（七〇九〜七八八）の法を嗣ぐ。百丈懐海、西堂智蔵とともに馬祖門下の三大師と呼ばれる。

第38話　洞山和尚、密師伯と河を渡る

洞山和尚[1]が密師伯[2]と河を渡るとき、問うた。
洞山「河を渡るときの心得は？」
伯「脚《あし》を濡《ぬら》さない」
洞山「何をつまらないことを言っているか」
伯「ならば、お前さん、言ってみい」
洞山「わしは、脚《あし》が濡れぬわい」
密師伯の「脚を濡さぬ」とは、我という考えをもとにしている。しかし洞山の「脚が濡れぬ」とは天然自然《てんねんじねん》のままである。一方は作為的であるが、一方は無為的である。
「何かにこだわるのは容易《たやす》く、とらわれを抜け出すのは難しい」
という言葉があるが、その通りである。仏道の本体を究めるにはぜひとも自然《じねん》でなければならない。

註

（1）洞山和尚……唐代の禅僧。洞山良价《りょうかい》（八〇七〜八六九）。曹洞宗の開祖。
（2）密師伯……神山僧密《しんざんそうみつ》（生没不詳）。唐代の人。洞山良价と同道行脚すること二〇年。洞山の弟子たちは「密師伯」と尊称した。

第39話　説法は舌の運動ではない（大力量人《だいりきりょうにん》）

擡脚踏翻香水海
低頭俯視四禅天
一箇渾身無処著
（請続一句）（『無門関』二〇）

脚《きゃく》を擡《もた》げ踏翻《とうはん》す香水海《こうずいかい》、
頭《こうべ》を低《た》れて俯《ふ》し視《み》る四禅天《しぜんてん》。
一箇《いっこ》の渾身《こんしん》著《つ》くるに処《ところ》無《な》し。
請《こ》う、一句《いっく》を続《つ》げ。

足をもたげて大海を踏みつけ、
頭をたれて天界を見下《みお》ろす。
この身を置くところもない。
次の一句をよろしく頼む。

松源《しょうげん》和尚(1)は、

「力持ちなのに、どうして自分の足をもたげないのか。また、説法は舌の運動ではないぞ」

と。

九紋竜《くもんりゅう》(2)でも谷風《たにかぜ》(3)でも、腕の力で足をもたげることはない。やはり爪先で立ちあがる。

幼児も同じ立ち方じゃ。大声で怒鳴《どな》るよりも、耳打ちをして、

「聞いたよ」

と合図し、首をタテに振るのは、目と目を合わせての恋のしぐさじゃ。

成《な》ると成らぬは目元でわかる、今朝の目元は成る目元。

註

（1）松源《しょうげん》和尚……松源崇岳《すうがく》（一一三二〜一二〇二）のこと。中国臨済宗の僧。

（2）九紋龍……小九紋竜《こくもんりゅう》梅吉（一八八三〜一九四三）。大坂相撲の力士。本名は岡田作次郎。時津風部屋に入門し、若紋竜、九紋竜、妨《さまたげ》などの四股名《しこな》を用いた。最高位は小結。

（3）谷風……谷風梶之助。江戸時代の力士。初代（一六九四〜一七三六）は讃岐高松藩松平家の抱え力士となり、強力無双と言われた。二代（一七五〇〜一七九五）は、本名を金子与四郎といい、第四代横綱となる。

第40話　明鏡を打破せよ

昔、ある僧が霊雲《れいうん》和尚(1)に向かって、

「絶点絶清のとき、いかに」

と問うた。

これは心を明鏡(2)のごとくにして、一点の塵《ちり》もないようにしたときの心境はどうか、というのだから、もうこの上はないものと思いこんでいると、霊雲和尚は、

「なお、これ、本当の迷い（いやいや、それが迷いでござる）」

と言った。そこでその僧は、一本参ったと思いながら、

「その上は、さらに、ありや」

と。すると、和尚は平気な顔で、

「あり」

と答えた。この僧もなかなかきかぬ気で、こんなことではへこたれない。

「いかなるか、これ向上《こうじょう》のこと（どんなことが、それ以上のことですか）」と問うた。すると和尚は単刀直入に、

「まず、その明鏡とやらを打ち破《こわ》してこい」

と。

絶点だの、絶清だのと思っていたり、明鏡があると思っている間は、まだまだ迷っているのだ。そいつを打ち破れ。そこに禅の真面目《しんめんもく》(3)が現れるのだ。

註

（1）霊雲和尚……霊雲志勤《しごん》（生没年未詳）。唐代の禅者。潙山霊祐《いざんれいゆう》のもとで修行した。
（2）明鏡……くもりのない鏡。
（3）真面目《しんめんもく》……本来のすがた。本体そのもののありさま。転じて真価。

第41話　雲門の屎橛《しけつ》(1)（雲門屎橛《うんもんしけつ》）

閃電光　撃石火　眨得眼　已蹉過（『無門関』二一）

閃電光《せんでんこう》　稲光り、
撃石火《げきせっか》。　火打ち石の火花。
眼《まなこ》を眨得《さっとく》すれば　まばたきする間に、
已《すで》に蹉過《さか》す。　消えてしまう。

雲門和尚(2)にある僧が問いかけた。

「仏とは何ですか」

と。雲門和尚の答が面白い。

「乾いたクソカキベラだよ」


そんなに容易《たやす》く「仏」をかつぎ出してはならない。物は器《うつわ》にふさわしいように使用しなければ、とんだ間違いをしでかすものだ。クソをこするへら（箆）を持ってきて、門の戸の心張《しんば》り棒(3)にしたり、雨戸の尻差《しりざし》(4)にするのは、あまり感心できぬ。話のついでに何でも「仏」をかつぎ出せばよいと思うのは大間違いだ。

一言《ひとこと》に説きくだきては差別なし
仏も下駄も元は木の端《はし》

註

（1）屎橛《しけつ》……糞掻《くそか》き篦《べら》のこと。

（2）雲門和尚……雲門文偃《うんもんぶんえん》（八六四〜九四九）。唐末の禅僧。雲門宗の開祖。

（3）心張り棒……戸口や扉が開かないように、押さえておくつっかい棒。

（4）尻差……戸障子や戸などの後部に刺して開かないようにするもの。

第42話　心頭を滅却すれば火もまた涼し

快川禅師《かいせんぜんじ》(1)は武田信玄の帰依を得て、甲斐《かい》（山梨県）の恵林寺《えりんじ》に住んでいた。信玄が亡くなり、その子勝頼と織田信長とが仲たがいし、あわれ勝頼は天目山《てんもくざん》で自刃してしまった。国が亡び、保護してくれる武田軍もなく、何の面目あって織田信長に顔を合わせられようと、快川禅師は甲斐の国中の僧を恵林寺に集めた。

信長は快川禅師の高名を聞きおよんで招聘《しょうへい》したが、禅師はこれに応じなかった。信長は怒って軍勢数百人を送り、恵林寺の僧侶たちを追い立て山門に登らせた。

百人余の衆徒《しゅと》（僧侶）が山門にあがると、信長は門に火を放った。たちまち炎が門を包んだ。そのとき、快川禅師は大衆に向かって垂示《すいじ》（教えを説くこと）して、

「みんな今こそ、火炎に向かって大法輪を転じようぞ。それぞれ思いをこめて末期《まつご》の一句《いっく》(2)を詠《うた》え」

と。人々はみな、それぞれ胸に浮かんだ句を述べた。禅師いわく、

「心頭を滅却《めっきゃく》すれば火もまた涼し(3)」と。火が法衣に燃え移っても端然として動かず、多くの僧とともに火定《かじょう》した(4)。ああ、心頭を滅却すれば火もまた涼し、いかにしてこの心頭を滅却すべき。

註

（1）快川禅師……快川紹喜《かいせんじょうき》（一五〇二〜一五八二）。臨済宗の僧。戦国時代から安土桃山時代に活躍。一五八一年（天正九）に正親町天皇より「大通智勝国師」の国師号を賜る。

（2）末期の一句……臨終にあたっての一句。死に臨んでの言葉。

（3）心頭を滅却すれば火もまた涼し……中国の六世紀の詩人杜荀鶴《とじゅんかく》（八四六〜九〇四？）の詩が典拠。『碧巌録《へきがんろく》』で禅の公案として用いられた。

（4）火定《かじょう》……火の中に自ら身を投げて入定《にゅうじょう》（死去）すること。

第43話　迦葉尊者の刹竿《せっかん》（迦葉刹竿《かしょうせっかん》）

問処何如答処親
幾人於此眼生筋
兄呼弟応揚家醜
不属陰陽別是春

（『無門関』二二）

問処《もんしょ》は答処《たっしょ》の親《した》しきに何如《いかん》
幾人《いくたり》か此《ここ》に於《お》いて眼《まなこ》に筋《きん》を生《しょう》ず。
兄《あに》が呼《よ》べば弟《おとうと》が応《おう》じて家醜《かしゅう》を揚《あ》ぐ、
陰陽《いんよう》に属《ぞく》せず、別《べっ》に是《こ》れ春《はる》。

問いと答えがピッタリ同じかどうか、
多くの人が目を見開くほど苦労した。
兄が呼べば弟が応じ、家の恥をさらけ出し、
浮き世ばなれした春が到来した。

阿難《あなん》尊者(1)が迦葉《かしょう》尊者(2)に問うた。

「世尊が（迦葉尊者に）金襴《きんらん》の袈裟《けさ》(3)を伝えたほかに、別のものを伝授されましたか」

と。迦葉尊者が、

「阿難尊者よ」

と呼びかけると、阿難尊者が、

「はい」

と返答した。そこで迦葉尊者は、すかさず門前に建ててあった高幡竿《たかはだざお》を打ち倒してしまった。

「何も、一人伝授の専売特許を気取るわけではないよ。あなたに暖簾《のれん》を譲るから、どし

どし店を出したまえ。そして勝手次第に売り広めたがよろしい」
と。

註

（1）阿難尊者……釈尊に随侍《ずいじ》すること二〇年余。釈尊の従弟《いとこ》にあたり、十大仏弟子の一人。多聞《たもん》第一と称された。禅宗では第三祖にあたる。

（2）迦葉尊者……釈尊の十大弟子の一人。頭陀《ずだ》第一と称され、仏滅後の第一結集で座長を務めた。禅宗では釈尊の法を継ぎ第二祖とされる。

（3）金襴の袈裟……金の糸を織り込み、文様を表した織物の総称。ここでは「仏法の正法」の意。

第44話　無我の妙諦

勝海舟翁（1）があるとき、人に語った。
――何事をするにも無我の境地に入らなければいけないよ。悟道徹底の極《きわみ》は、ただ無我の二字にほかならない。いくら禅で錬《ね》りあげても、なかなか無我の境地とはいかぬ。いざというとき、たいてい乱れてしまうものだよ。

切りむすぶ太刀の下こそ地獄なれ
　踏み込み行けばのちは極楽

この和歌は、昔の剣客が詠んだものだ。和歌の文句は上手ではないが、「無我の妙諦」は、つまるところ、この和歌のなかに潜んでいるのだ。

註

（1）勝海舟……幕末・明治の政治家（一八二三～一八九九）。江戸城無血開城などで活躍。維新後、参議・海軍卿・枢密顧問官。伯爵。

第45話　本来の面目とは何か（不《ふ》思《し》善悪《ぜんあく》）

描不成兮画不就　賛不及兮休生受
本来面目没処蔵　世界壊時渠不朽（『無門関』二三）

描《びょう》すれども成《な》らず、画《が》すれども、就《な》らず、　書《しょ》にもできず、絵《え》にもならず、
賛《さん》するも及《およ》ばず、生受《さんじゅ》を休《や》めよ。　礼を言うには及ばぬことだ、ありがとう。
本来《ほんらい》の面目《めんもく》、蔵《かく》すに処《ところ》なし、　本来の面目は隠《かく》しようもなく、
世界《せかい》壊《え》する時《とき》も、渠《かれ》は朽《く》ちず。　世の終わりが来ても朽《く》ちはしない。

六祖慧能《えのう》(1)が禅の真髄を得て脱走したとき、明《みょう》上座(2)が追いかけて大庾嶺《だいゆれい》(3)にまで来た。六祖は明上座がやって来たのを見て、

「面倒なのが来たものだ。よし、一泡《ひとあわ》吹かせてやろう」

と考え、衣鉢《えはつ》(4)を石の上に投げ出し、

「この衣《ころも》は印可状そのものだ。力づくで争うべきものではない。君が法力を発揮して持っていきたまえ」

と。明上座は衣を取り上げようとしたが、山のように重くて動かない。明上座は、

「これは、腕づくで持ち去ることはできない」

と気がついて、

「拙僧が参ったのは、法を求めるためで、衣鉢を求めるものではない。願わくば、大行《あん》者《じゃ》(5)の悟りの実体を開示して欲しい」

と。すると六祖は、

「善を思わず、悪を思わず、一念も生じないときの、明上座の本来の面目は何か」

と問うた。ものごとの善悪や、好き嫌いなどの相対的な認識に基づく迷いの雲が取り払われたなら、山も谷も陽の光りが照り輝やいている。それこそが本来の面目そのものだと気付いたので、明上座は、

「なるほど」

と即座に大悟したという。

山越に息せき切って呑む水の
　甘き加減はその人ぞ知る

註

（1）六祖慧能《ろくそえのう》……中国禅の第六祖、大鑑慧能（六三八～七一三）。五祖弘忍《ぐにん》（六〇二～

六七五）の法を嗣ぐ。頓悟禅《とんごぜん》を提唱して、中国禅を確立した。

（2）明《みょう》上座……蒙山恵明（生没年不詳）。道明とも称される。唐代の禅者。

（3）大庾嶺《だいゆれい》……江西省と広東省にまたがる山。

（4）衣鉢《いはつ》……三衣一鉢の略。僧尼の必需品。転じて師が弟子に法を伝えること。禅門では印可の証《しるし》。

（5）行者《あんじゃ》……禅林での雑用係。ここでは六祖慧能が五祖弘忍のもとで、文字もほとんど読めず、米をつく雑用係であったことに由来している。弘忍門下の禅僧たちの予想に反し、雑用係（行者）の慧能が法を嗣いだので、明上座が衣鉢を奪うため追いかけてきたのである。そして追いつき問答をかわした明上座は、慧能が真に法を嗣いだことに気付き、「大行者」と尊称したのである。

第46話　美女の誘惑と漢三《かんざん》和尚の対応

昔、ある老婆が一人の庵主《あんじゅ》（修行僧）を二〇年も供養し、世話した。いつも娘ざかりの少女に食事の給仕をまかせていた。あるとき少女に、庵主に抱きついて、「こんなとき、どうなさいます」と言うように仕向けた。すると庵主は、

「枯れた木が寒々とした岩に立つごとく、私の心はまったく冬のように冷めているよ」

と。老婆はこの答えを聞くと、

「私は、二〇年間も、こんな俗物を供養してきたのか」

と怒り、庵を焼いた。これは「婆子焼庵《ばすしょうあん》」と呼ばれる公案で、禅家では有名なものだ。彦根（滋賀県）の清涼寺に漢三道一《かんざんどういつ》(1)という和尚がいた。彦根侯は漢三和尚に帰依していたが、その心を試そうとして、和尚を浴室に招き、美女の軟らかな手で誘惑させた。しかし和尚は平然として、

「どうも、ご苦労であった」

と言ったという。

註

（1）漢三道一……幕末の禅僧（一七五六〜一八二五）。

第47話　花の三月鳥さえ歌う（離却語言《りきゃくごごん》）

不露風骨句　未語先分付
進歩口喃喃　知君大罔措（『無門関』二四）

風骨《ふうこつ》の句《く》を露《あらわ》さず、　しゃれた言葉を出さなくても、
未《いま》だ語《かた》らざるに先《ま》ず分付《ぶんぷ》す。　語らぬ先に分かっている。
歩《ほ》を進《すす》めて、口喃喃《くちなんなん》、　身を乗り出しての話ぶり、
知《し》んぬ君《きみ》が大《おお》いに措《お》くこと罔《な》きを。　ほんと、疲れるものだね。

風穴《ふうけつ》和尚(1)にある僧が禅問答を仕かけた。意味を翻案すれば、ざっと、こんな都々逸《どどいつ》(2)と同じじゃ。

言うは恥ずかし言わねば解《と》けぬ
どうすりゃ通じる電話口

風穴和尚もなかなかの粋人じゃ。こんな意味の答えを返した

花の三月鳥さえ歌う

わたしゃ情けの泣きじゃくり

天地自然が春めく時に、なにも冬籠りのような炬燵三昧《こたつざんまい》でもあるまい。一風呂浴びてみるのも粋《いき》じゃないか。

註

（1）風穴和尚……宋初の禅者、風穴延沼（八九六〜九七三）。
（2）都々逸《どどいつ》……口語によって、主に男女相愛の情を七・七・七・五の四句で詠ったもの。

第48話　白隠禅師のぬれ衣《ぎぬ》

駿河《するが》（静岡県）の原宿《はらじゅく》の商家某は、白隠禅師(1)に帰依し、たびたび財物を供養していた。その家の娘が店の者と情を通じて子供が生まれた。父親に厳しく責められたので、つい、

「白隠和尚との間に生まれた子です」

と娘は答えた。父親は大いに怒り、すぐにその赤子《あかご》を抱いて和尚のもとに行き、白隠の足元に赤子を置き、口を極めて罵倒して帰った。和尚は弁明せず、飴《あめ》で赤子を養い、常にその子を抱いて眠り、懐に入れて托鉢し、あたかも我が子のようにしていた。そのため、原宿の人々も白隠和尚の子供と思い込んでいた。

ところがある雪降る日に、いつものように白隠和尚が赤子を抱いて歩いているのを見て、娘は後悔し、父親に本当のことを打ち明けた。娘の告白に驚き、白隠和尚のもとに行き、事情を伝え、罪を許して欲しいと懇願した。和尚は笑って、少しも意に介さず、

「あぁ、そうであったか」

と。まるで春風が野面《のづら》を吹き渡っていくような、泰然自若とした様子であった。

註

（1）白隠禅師……江戸中期の臨済宗の僧（一六八五〜一七六八）。臨済宗中興の祖と称される名僧。

第49話　仰山《ぎょうさん》和尚のうたたね（三座説法）

白日青天　夢中説夢
捏怪捏怪　誑謼一衆（『無門関』二五）

白日青天《はくじつせいてん》
夢中《むちゅう》に夢《ゆめ》を説《と》く
捏怪捏怪《ねっかいねっかい》
衆《しゅ》を誑謼《おうこ》す

太陽の輝く真昼間、
夢の中で夢を説く。
そんな話は奇怪そのもの、
大衆を騙すのもいいところだ。

仰山和尚《ぎょうさん》(1)があるとき夢を見た……。

兜率天《とそつてん》(2)で説法をしている弥勒菩薩の元に行くと、第三座を与えられた。すると一人の尊者が威儀を正して、

「今日は、第三座が説法なさる当番の日です」

と。そこで仰山和尚は威儀を正して説法した。

「摩訶衍《まかえん》(3)の法は、四句《しく》を離れ、百非を絶している。諦聴《たいちょう》、諦聴《たいちょう》（大乗仏教の法は、言葉を離れ、あらゆる表現を超えている。よく、聴かれよ）」

と……。

そのとき、仰山和尚は目が覚めた。窓の下でうたたねしていたのである。

夢に託して、仰山和尚は「マンマ」と一座を説き伏せてしまった。凄腕じゃ、油断すると尻の毛まで抜かれるぞ。

註

（1）仰山和尚《ぎょうさん》……仰山慧寂《ぎょうさんえじゃく》（八〇七～八八三）。潙《い》山霊祐の法を嗣ぐ。潙仰宗は潙山と仰山の法を伝え、臨済の辛辣、曹洞の綿密とも異なる、問答応待のなかに師資黙契する独自の宗風を示した。

（2）兜率天《とそつてん》……弥勒菩薩が説法している天上界。弥勒菩薩は釈尊に次いで仏となることを約束された菩薩。釈尊入滅後五六億七千万年の後に、この世に下生《げしょう》して衆生をことごとく済度するとされる。

（3）摩訶衍《まかえん》……中国の禅僧・摩訶衍（マハヤーナ）を指すともされるが、ここでは大いなる乗物（マハーヤーナ）、すなわち「大乗」の意味である。

第50話　原坦山、美人を抱く

原坦山《はらたんざん》和尚(1)が若いときに、環渓《かんけい》和尚(2)（あるいは楳仙《ばいせん》和尚、奕堂《えきどう》和尚）とともに諸国を行脚《あんぎゃ》していた。あるとき、小川の岸辺に来ると、妙齢の美人が川を渡れずにいるのに出会った。いつもはひょいと飛びこえられるほどの小川が、雨上がりのために増水し、盛装した美人が難儀していたのである。

坦山和尚は女性を抱いて川を渡った。環渓和尚は出家の身として婦女を抱いたことを面白からずと思い、物も言わずに歩いていた。次の宿で、坦山和尚に向かって、

「出家の身として、なにゆえ、美人を抱いたのか」

ととがめると、坦山和尚は、

「ははぁ、お前はまだ抱いておったか。おれは川を渡したときに放下《ほうげ》してしまった」

と言った。

註

（1）原坦山和尚……一五歳で昌平黌に入り、のちに仏門に移り、風外本高について印可を受け、京璨和尚の法を嗣いだ。

（2）環渓和尚……久我環渓《こがかんけい》（一八一七〜一八八四）。永平寺六一世。原坦山と同参して

いたのは諸嶽奕堂《もろたけえきどう》（一八〇五〜一八七九）、久我環渓、畦上楳仙《あぜがりばいせん》（一八二五〜一九〇一）などであり、筆者によって「美人を心に抱き続けていた」坦山の相手が、楳仙や奕堂とされている例もある。おそらく実話ではなく、坦山を称賛するために、のちに作られた逸話と思われる。

第51話　二僧、簾《すだれ》を巻く（二僧巻簾《にそうけんれん》）

巻起明明徹太空
太空猶未合吾宗
争似従空都放下
綿綿密密不通風
（『無門関』二六）

巻起《けんき》すれば明明《めいめい》として太空《たいくう》に徹《てっ》す
太空《たいくう》すら猶《な》ほ未《いま》だ吾《わ》が宗《しゅう》に合《あ》わず
争《いか》でか似《し》かん空《そら》より都《すべ》て放下《ほうげ》して
綿綿密密《めんめんみつみつ》　風《かぜ》を通《つう》ぜざらんには

簾を巻き上げれば、からりとした青い空。
その青空より、さらに高いのが禅の空。
そんな大空を突き抜けて、
風も通らぬ密室こそがいい。

清涼院《しょうりょういん》の大法眼《だいほうげん》和尚(1)のところに二人の僧が参禅に来た。ちょうど斎《とき》（昼食）の前であった。大法眼和尚は黙ってその手で簾を指し、巻き上げるように指示した。二人の僧が気を利かして、同時に立ち上がり、簾を巻き上げた。すると大法眼和尚は言った。

「あまりに気が利いて、間が抜けているよ。素顔で差し向かいでいるよりも、ちょっと、暖簾《のれん》越しに垣間見る方が乙《おつ》じゃろう。美人が恥ずかしそうに、ちょっとハンカチを噛んだところに風情があるじゃぁないか」

味噌の味噌臭いのは上味噌ではないよ、医者は薬臭からず、僧侶は抹香臭からぬが妙味である。

註

（1）清涼院の大法眼和尚……唐代の禅者、法眼文益（八八五～九五八）。清涼文益とも称され、大知蔵大導師ともいう。法眼宗の祖。

（2）斎《とき》……午前中に済ます昼食のこと。本来、仏家にあっては午後に食事を摂らないのが定めであった。

第52話　水戸光圀と心越和尚の胆力くらべ

あるとき、水戸光圀《みつくに》(1)が心越《しんえつ》和尚(2)の胆力《たんりょく》を試そうと思って、和尚を招き大杯《たいはい》を出して、

「これをお呑みなさい」

という。大杯には酒がなみなみと注がれている。和尚はもとより大杯ぐらいで驚くはずはなく、

「ありがたく頂戴いたします」

と押し戴いて呑もうとする。

そのとき、隣りの部屋で鉄砲をズドンと打った。さしもの心越和尚も驚くかと思うと、少しも騒がず、満々と注がれた酒を一滴もこぼさずに一気に呑み乾した。そこで光圀はあきれて、

「いや、さすがは心越和尚。ただ今は失礼をした」

というと、和尚は平気な様子で、

「鉄砲は武家の慣いなれば、別にご斟酌《しんしゃく》には及びません」

と言った。

次に、光圀が大杯を受け取り、満々と酒を注いで呑もうしたとき、和尚は大音声《だいおんじょう》で、

「喝」

とやった。すると、光圀は驚いて、杯をひっくり返し、

「和尚、何をなさる！」

と叫んだ。心越和尚は、

「いや、棒喝《ぼうかつ》は禅家の常、別にご斟酌には及びません」

とやった。これにはさすがの光圀も参ったという。

註

（1）水戸光圀《みつくに》……江戸前期の水戸藩主（一六二八〜一七〇〇）。『大日本史』の編纂に着手。権中納言となり、水戸光門と呼ばれた。

（2）心越和尚……江戸時代初期に中国から渡来した禅僧（一六三九〜一六九六）。中国明国に生まれ、禅を学ぶ。一六七六年（延宝四）に清の圧政を受け、日本に亡命。各地を遊歴したため、清の密偵と疑われ幽閉される。一六八三年に水戸光圀の力添えで釈放された。

第53話　心、仏にあらず（不《ふ》是《ぜ》心《しん》仏《ぶつ》）

叮嚀損君徳
無言真有功
任従滄海変
終不為君通（『無門関』二七）

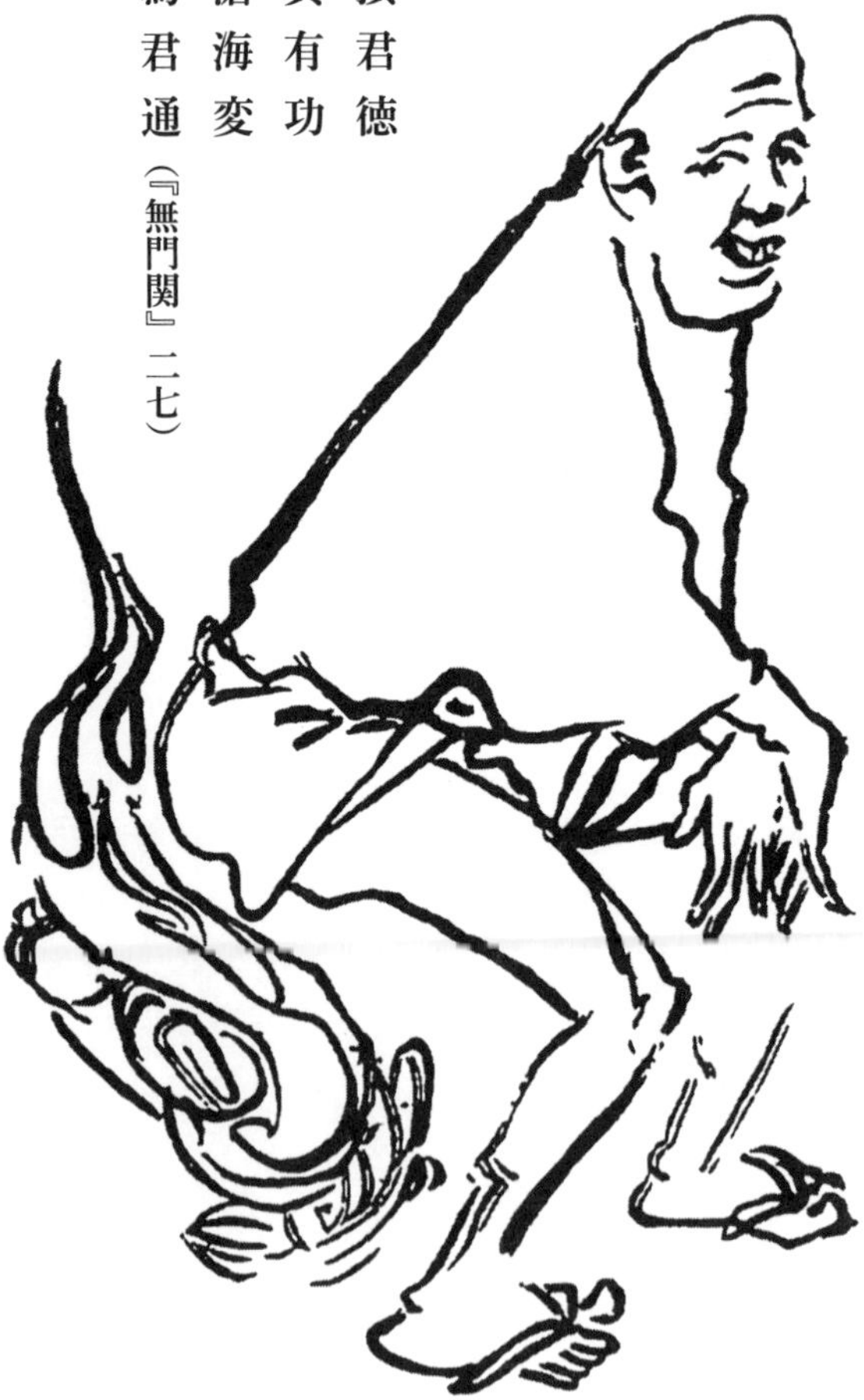

叮嚀《ていねい》は君徳《くんとく》を損《そん》す
無言《むごん》　真《まこと》に功有《こうあ》り
任従《たと》い滄海変《そうかいへん》ずるも
終《つい》に君《きみ》が為《ため》に通《つう》ぜじ

懇切丁寧は男の値打ちを下げ、
沈黙、無言は金の値打ち。
青い海が変じて桑田《そうでん》となろうとも、
あんたのためには語るまい。

南泉和尚[1]に、ある僧が質問した。

「いったい、人のために説かれなかった仏法の教えがありますか」

南泉和尚は答えた。

「有るよ」

僧はさらに尋ねた。

「人のために説かれなかった仏法の教えとは、どのようなものですか」

南泉和尚は答えた。

「不是心《ふぜしん》、不是仏《ふぜぶつ》、不是物《ふぜもつ》だ」

と。

釈迦という大馬鹿者が世に出で
多くの人を迷わせるかな

元来は、仏心も凡心も、凡物も真物も、もとより「空」なのだ。天地本来一物無くて、悟りの極意はここにあるのじゃ。

註

（1）南泉和尚……南泉普願《なんせんふがん》（七四八〜八三四）。唐代の禅者。馬祖道一禅師の法を嗣《つ》ぐ。百丈懐海、西堂知蔵とともに馬祖門下の三大師と称された。趙州《じょうしゅう》従諗《じゅうしん》の師。

第54話　楚俊《そしゅん》禅師と楠木正成

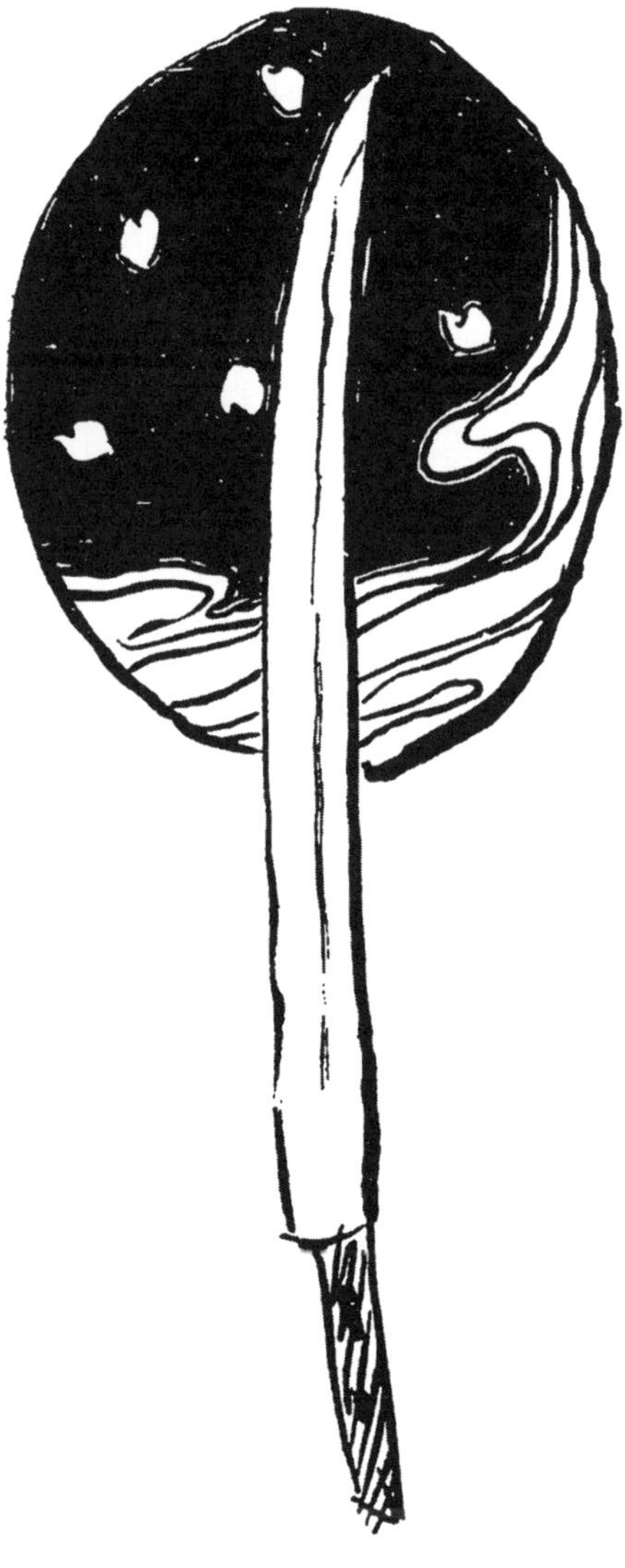

楠木正成《くすのきまさしげ》(1)が足利尊氏《たかうじ》の大軍と大合戦に臨もうとしたとき、かねてから帰依していた楚《そ》俊《しゅん》禅師(2)を訪ねて問うた。

「生死交叉のとき、如何《いかん》」

と。禅師は、

「両頭ともに裁断して、一剣《いっけん》、天によりて寒し」

と。正成は続けて問うた。

「つまり、どういうことですか」

と。禅師は、

「喝！」

と大喝した。正成は全身に一気に汗が流れ出し、思わず三拝した。楚俊禅師は、

「徹することができたか」

と。正成は謹んで謝辞を述べた。

「もし、来山して和尚にお目にかからなかったならば、どうして最高の感涙《かんるい》を流すことができたでしょうか」

死といい、生といい、また同一である。生、なんぞ喜ぶに足らん。死、なんぞ悲しむに足らん。生、来たれば生に任せ、死、来れば死に任す。任運自在《にんうんじざい》なのだ。正成はこの合点がいったから、湊川《みなとがわ》での合戦(3)で壮烈な戦死を遂げることができたのである。

註

(1) 楠木正成……南北朝時代の武将（一二九四～一三三六）。

(2) 楚俊禅師……中国元から渡来した禅僧・明極楚俊《みんきそしゅん》（一二六二～一三三六）。一三三〇年（元徳二）に鎌倉幕府に招かれて来日。楠正成との会見については異説もある。

(3) 湊川の合戦……一三三六年に摂津国湊川で行われた。九州から東上した足利尊氏・直義《ただよし》軍が、楠木正成・新田義貞軍を破った合戦。正成は戦死した。

第55話　久しく竜潭《りゅうたん》に響《ひび》く（久響《きゅうきょう》竜潭《りゅうたん》）

聞名不如見面
見面不如聞名
雖然救得鼻孔
争奈瞎却眼睛
（『無門関』二八）

名《な》を聞《き》かんよりは面《おもて》を見《み》んには如《し》かず、　百聞よりも一見だ、
面《おもて》を見《み》んよりは名《な》を聞《き》かんには如《し》かじ。　一見よりも百聞がいい。
然《しか》も鼻孔《びくう》を救《すく》い得ると雖《いえど》も　鼻の詰まりはなくなったが、
争奈《いかん》せん　眼睛《がんぜい》を瞎却《かっきゃく》するを　目玉を抜かれたら、どうする。

竜潭和尚(1)のところに、徳山宣鑑《せんかん》(2)が「生死事大、無常迅速」の教えを乞いに訪ねて来た。気がつけば、もう、すっかり夜になっていた。

竜潭和尚が言う。

「夜も更けた。お前さん、そろそろ山を下りるがよかろう」

徳山が丁重な礼をして辞し、庵の簾《みす》を巻き上げ外を見ると、漆黒《しっこく》の闇夜であった。徳山は和尚のもとに行き、

「一寸先は真の暗闇でござる」

と。竜潭和尚は紙燭《しそく》(3)を点《とも》して差し出した。徳山が受け取ろうとすると、和尚は「フッ」と吹き消した。

徳山はこの刹那に、忽然と悟った。

註

（1）竜潭《りゅうたん》和尚……竜潭崇信《そうしん》（生没年不詳）。唐代の禅者。天皇道悟（七四八〜八〇七）を師として出家する。竜潭和尚の門下に徳山宣鑑《とくさんせんかん》を出す。

（2）徳山和尚……徳山宣鑑《とくさんせんかん》（七八〇〜八六五）。「徳山の棒、臨済の喝」と言われ、棒で弟子を鍛えたので有名な唐代の禅僧。

（3）紙燭《しそく》……こよりを油に浸して、灯火に用いるもの。

第56話　島尾得庵《とくあん》の鬼の面

陸軍中将・子爵の島尾得庵《とくあん》(1)は禅学を得意としていた。一八八九年(明治二二)、関西方面を行脚《あんぎゃ》して至る所で「白骨観」(2)を語った。聴衆は唖然《あぜん》としてただ聴くのみであった。帰京ののち、良き師・良き友がいないことを嘆いた。ある日、原坦山翁に出会った。関西に好敵手のいないことを言うと、坦山翁に呵々大笑《かかたいしょう》して言った。

「正一位稲荷大明神の末社のような肩書きに、勲〇等というような、米屋の符号のような付号を振りまわして行けば、鬼の面をかぶった化物が来た、といって菩薩のようにおとなしい人々は、姿を隠して出てこないだけだよ。広大な千里の野に駿馬《しゅんめ》がいないのではない。名馬を見出せる名伯楽《めいはくらく》が行かないから、俊馬を見わけられないのであろうよ」と。得庵は思わず、背に冷汗《ひやあせ》を流し、何も言うことができなかった。

註

(1) 鳥尾得庵……本名は鳥尾小弥太。明治の軍人、政治家(一八四八〜一九〇五)。陸軍中将、子爵。号を徳庵居士、不識道人と称した。

(2) 白骨観……色欲《しきよく》が生じ、性的な欲求にとらわれたときに、相手が白骨であると観想すること。

第57話　風に非《あら》ず幡《はた》に非ず（非《ひ》風《ふう》非《ひ》幡《ばん》）

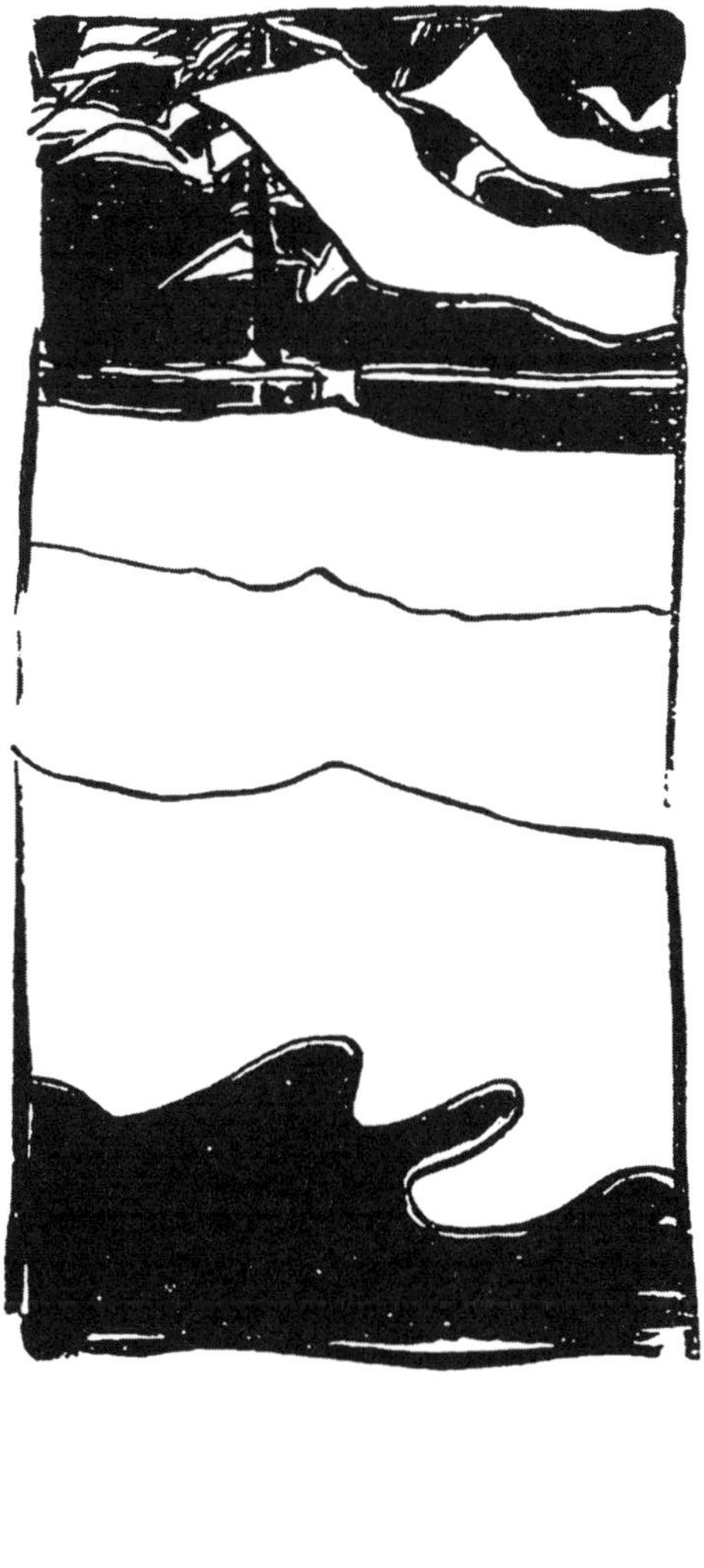

風幡心動　一状領過
只知開口　不覚話墮（『無門関』二九）

風幡心動《ふうはんしんどう》
一状に領過《いちじょうりょうか》す
ただ　口《くち》を開《ひら》くことを知《し》りて
話堕《わだ》するを覚《おぼ》えず

風が動く、幡《はた》が動く、心が動く、
みんな同じように誤りだ。
六祖は良い教えを示しているが、
語るに墜ちたもんだ。

六祖慧能(1)があるとき、二人の僧の論議を説破《せっぱ》(2)したことがあった。それは風が寺の門前の旗を吹き上げているのを見て、一人は、

「あれは風が動くのだ」

と言い、また一人は、

「旗が動くのだ」

と言う。二人の問答は水かけ論で互いに自分の主張を譲らず、決着がつかない。それを見ていた六祖慧能が、

「これ、風が動くのでも、旗が動くのでもない。そなたたちの心が動くのじゃ」

と。二人の僧は心底、驚いた。

花は笑えば柳が招く　狂う心は人に寄る

註

（1）六祖慧能《ろくそえのう》……中国禅の第六祖、大鑑慧能（六三八～七一三）。五祖弘忍《ぐにん》（六〇二～六七五）の法を嗣ぐ。頓悟禅《とんごぜん》を提唱して、中国禅を確立した。

（2）説破……論破すること。

第58話　洞山と密師伯《みっしはく》の「丸木橋」

洞山和尚(1)と密師伯(2)の二人で、いつものように旅をしていると、河に丸木橋が渡してある所に出た。洞山和尚は先に渡ると、松木橋をはね上げて、

「早く渡ってこないか」

と。密師伯は、

「价闍梨《かいじゃり》（洞山のこと）」

と呼んだ。すると洞山はすぐに丸木橋を元のように掛け直した。

洞山和尚は密師伯を試験したのだが、伯は渡るとも、渡れぬとも言わずに、ただ、

「洞山（价闍梨）」

と呼んだ。なぜならば、渡る、渡れぬの相対的立場に立つのではなく、その相対的考えを離れ、超えているのを見たから、洞山和尚は丸木橋を元のように掛け直したのである。

註

（1）洞山和尚……唐代の禅僧。洞山良价《りょうかい》（八〇七〜八六九）。曹洞宗の開祖。

（2）密師伯……神山僧密《しんざんそうみつ》（生没不詳）。唐代の人。洞山良价と同道行脚すること二〇年。洞山の弟子たちは「密師伯」と尊称した。

第59話　心こそが、これ仏（即心即仏）

青天白日
切忌尋覓
更問如何
抱贓叫屈

（『無門関』三〇）

青天白日《せいてんはくじつ》
切《せつ》に忌《い》む　尋《たず》ね覓《もと》めんことを
更《さら》に如何《いかん》と問《と》えば
贓《ぞう》を抱《いだ》きて　屈《くつ》と叫《よ》ぶ

良く晴れた日の、青い空と陽の光、なんでそんなに詮索するの。ましてて「仏さまとは」などの質問は、盗んだものを手にして、無罪だと叫ぶとの同じですよ。


馬祖和尚(1)のところで、大梅《だいばい》和尚(2)が問いかけた。

「仏とは如何なるものですか」

と。馬祖が、

「心こそが、これ仏（即心即仏）」

と答えた。

仏とは無為《むい》の衣に頭陀《ずだ》の飯
陀羅尼《だらに》行ずる人は皆仏

仏とて浄土のあると思うなよ
　五臓六腑の底にまします

我も人も皆仏なり世の中は
　助け合いにて造る極楽

空腹に施行の餅や助け船

註

(1) 馬祖和尚……馬祖道一《ばそどういつ》。唐代の禅僧（七〇九～七八八）。中国南宋禅の一つ「洪州宗」の祖。弟子に百丈懐海や南泉《なんせん》普願などがいる。

(2) 大梅《だいばい》和尚……大梅法常（七五二～八三九）。唐代の禅者。馬祖道一のもとで頓悟発明し、法を嗣ぐ。浙江省の大梅山に住し、居住すること四〇年。

第60話　桃水《とうすい》和尚の洒脱《しゃだつ》

江戸前期の型破りの禅僧として有名な桃水《とうすい》和尚(1)が熊本の流長院に挂錫《けしゃく》(2)していたとき、破れ衣を着て、糞桶《くそおけ》を担《かつ》いで菜園に運んでいた。これを見た法兄《ほうけい》の船岩が、

「清浄の沙門の身をもって、このようなきたない仕事をするのは、よろしくない」

と。桃水和尚は笑いながら、

「では雪隠《せっちん》(便所)で不浄を拭くこともできませんな。また、不浄を拭いた手で、仏菩薩に向かって合掌しても、今だかつて仏菩薩が、それはいけないね、なんて言ったことは聞きませんな。菜園に肥《こやし》を施したとしても、心まで穢れることをはないですな」

と。法兄も桃水の洒脱な応答に脱帽した。

註

(1)桃水和尚……桃水雲渓。江戸初期の禅僧(一六一二〜一六八三)。托鉢で食事をし、余れば乞食に施すなどの逸話を多く残し、「乞食桃水」と呼ばれた。

(2)挂錫……僧が修行の途中、ほかの寺に一時とどまること。

第61話　趙州《じょうしゅう》、婆《ば》を勘《かん》す（趙州勘婆《じょうしゅうかんば》）

問既一般　答亦相似

飯裏有砂　泥中有刺（『無門関』三一）

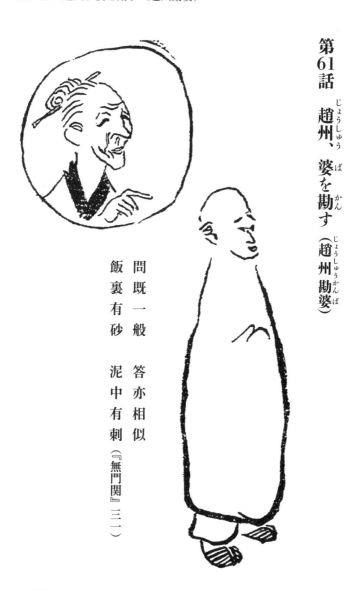

問既《もんすで》に一般《いっぱん》なれば、
答《こた》えも亦《ま》た相似《あいに》たり。
飯裏《はんり》に砂《すな》有《あ》り、
泥中《でいちゅう》に刺《し》有《あ》り。

問いが同じなら、
答えも同じ。
ご飯には砂が交じっているし、
泥道《どろみち》には刺《とげ》がある。

趙州《じょうしゅう》和尚(1)を訪ねる途中で、修行僧が露店の婆さんに五台山(2)への道を訊ねた。婆さんは、

「まっすぐに行きなさい」

と答えた。僧が二、三歩行ったときに、背後で婆さんの声がした。

「見込みのありそうな坊さんだと思ったが、やはり、同じように行くだけじゃな」

と。とても禅機《ぜんき》に通じた言葉だったので、僧は後日その顛末を趙州和尚に話した。和尚は、

「それは面白い婆さまじゃな。儂《わし》が出向いて、一つ、試してみよう」

と言った。翌日、趙州和尚は出かけて行き、修行僧と同じように五台山への道を訊ねた。

婆さんは得意そうに、同じ応答をしたので、趙州和尚は寺に帰ってくると、僧たちを集めて告げた。

「五台山の婆さんをすっかり見切ってきた。なかなか隅に置けぬ婆さまだが、巧みに覚えた問答の一本槍だ。不意打ちを食らわせたら、たちまち狼狽《ろうばい》して馬脚《ばきゃく》を現すだろう」

趙州和尚は婆さんの真骨頂を点検して、その本質をさらけ出すほどの棒喝《ぼうかつ》を用いなかっただけだ。婆さんが見透《みす》かされたのはどのあたりの呼吸であったのだろうか。

註

（1）趙州和尚……趙州従諗《じょうしゅうじゅうしん》（七七八〜八九七）。唐代の禅者。南泉普願に謁して契悟した。人々の要請により趙州（広東省）観音寺に住し、四〇年間にわたり独自の禅風を宣揚した。

（2）五台山……中国山西省東北部五台県にある霊山。別名、清涼山。『華厳経』菩薩住処品を典拠に、五台山で文殊菩薩が説法をしていると考えられ、聖地として古くから信仰されてきた。

第62話　俳仙《はいせん》一茶の侠禅

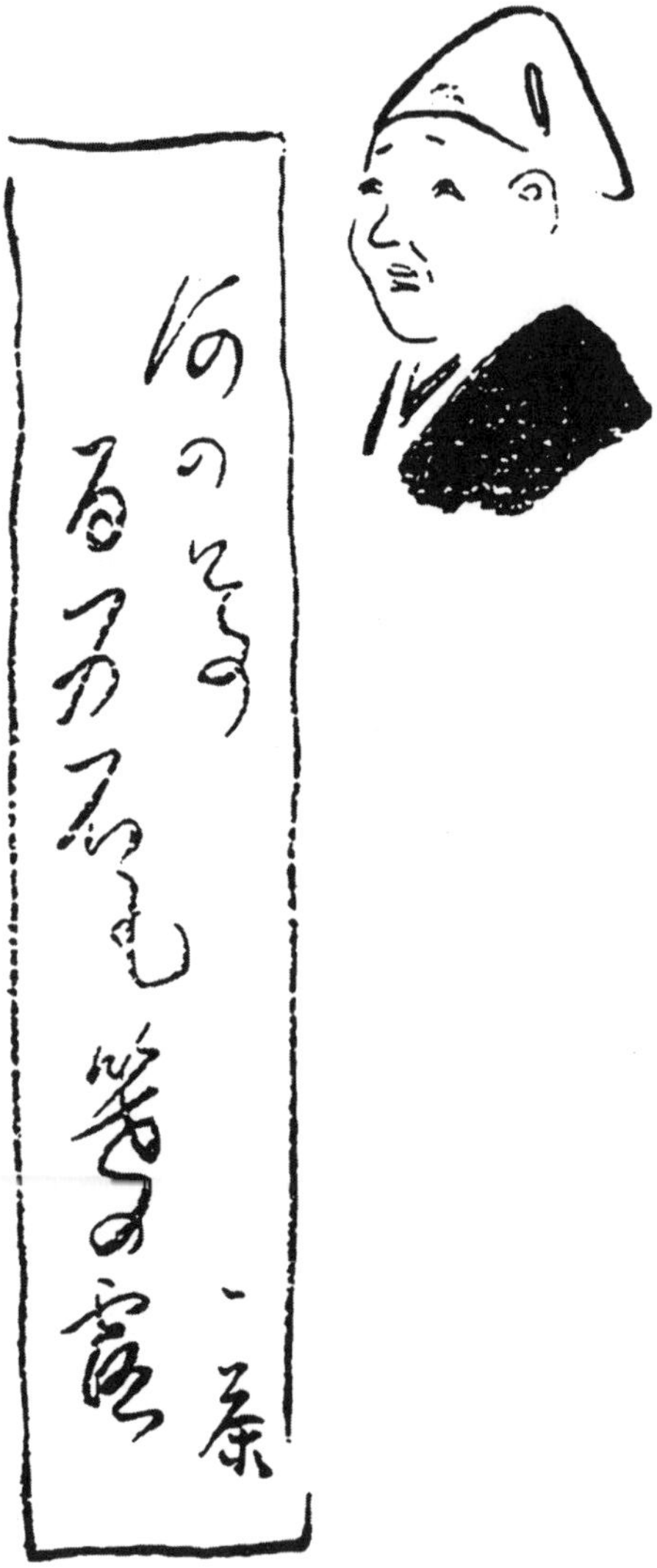

俳諧師《はいかいし》一茶（江戸後期の俳人。一七六三〜一八二七）は芭蕉（江戸前期の俳人。一六四四〜一六九四）と同じく気骨があった。信濃（長野県）の在野にあって、世俗的な金銭にとらわれずに生きた。かつて加賀藩主・前田侯が参勤交代の途中、柏原宿に泊り、近臣の者をつかわし、一茶を呼び寄せた。しかし一茶は来なかった。前田侯はその気骨を喜び、一句を求めた。一茶も使者の要請を受けて一句を詠み、短冊に記し、前田侯に贈った。

何のその百万石も物の数

前田侯はこの句を喜ばずわずかに金七両を贈り、潤筆料《じゅんぴつりょう》（揮毫料《きごうりょう》）の代わりとした。その後七年ののち、再び柏原宿に投宿したので、また使者を送り一茶を訪ねさせた。使者が一茶宅に行くと、昼間なのに灯火を点《とも》し、仮寝《かりね》をしていて、ようやく使者の呼び起こす声を耳にして、ボロの衣に垢のついた顔のまま出てきて、呼び寄せに応じられない旨を述べた。使者が部屋の中を見ると、前回のとき贈った潤筆代が封も切らず、塵にまみれて片隅に置かれていた。実に、なにものも求める心がなければこそ、「百万石も物の数」にすぎないと、詠ったわけである。

第63話　異教徒、釈迦に問う（外《げ》道《どう》問《もん》仏《ぶつ》）

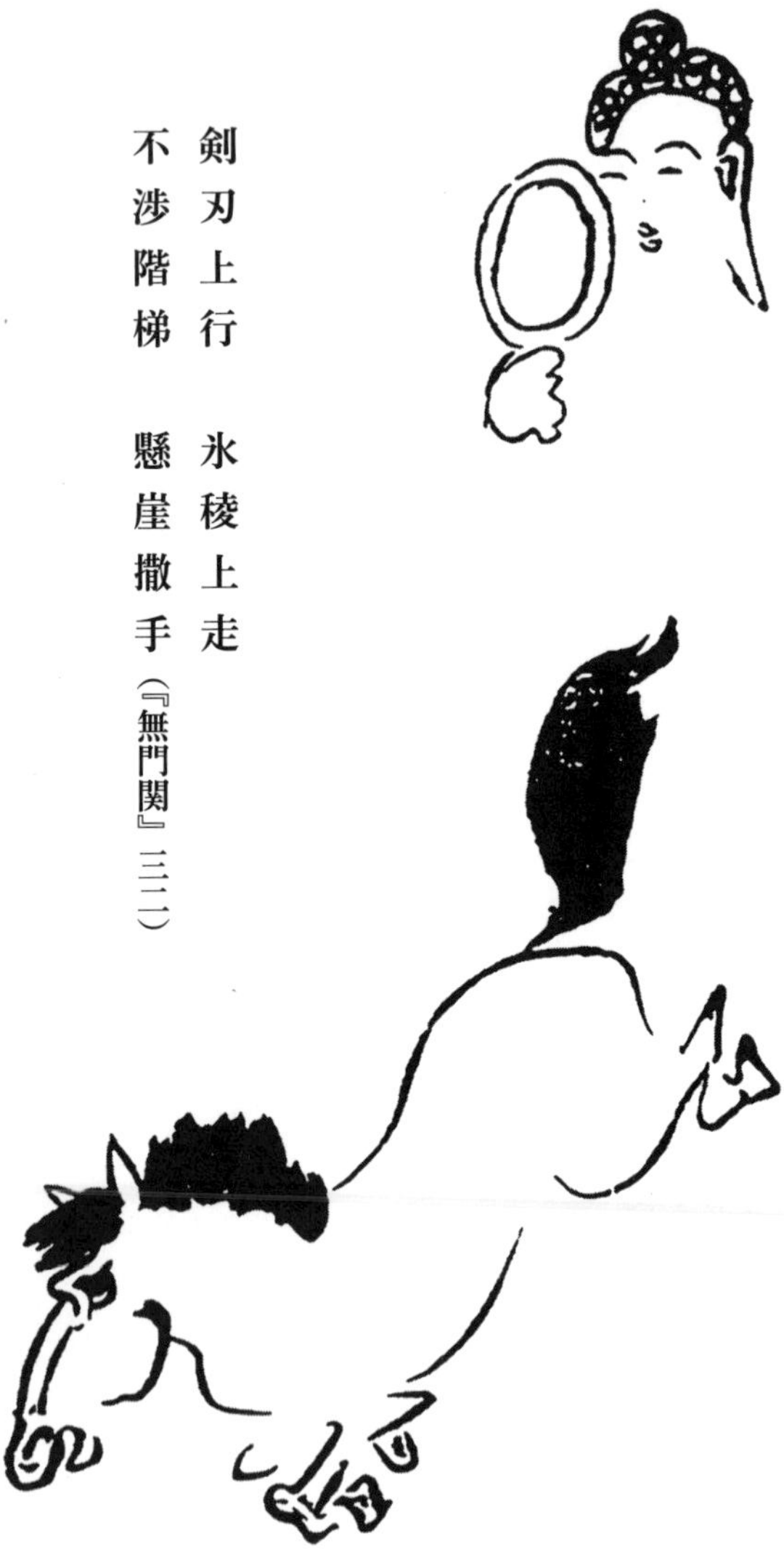

剣刃上行　氷稜上走

不渉階梯　懸崖撒手（『無門関』三二）

剣刃上《けんにんじょう》に行《い》き、　　刃《やいば》の上を歩き、
氷稜上《ひょうりょうじょう》に走《はし》る。　　氷の上を走る。
階梯《かいてい》に渉《わた》らずして、　　階段を登らずに、
懸崖《けんがい》　手《て》を撒《さっ》す。　　断崖絶壁で手を離せ。

釈迦のところに異教徒が来て、難問を投げかけた。

「言葉でなく、沈黙でもないものとは、何か？」

釈迦は異教徒の腹の内を見透かして、大威尽力《だいいじんりき》を発揮してずっと沈黙のまま座っておられた。その居ずまいに異教徒は激しく心を打たれ、

「大慈大悲の世尊は、私の迷いの暗雲を開いて、私を悟りの境地に導いて下さいました」

と賛辞を述べ、礼をして立ち去った。

阿難がのちに釈迦に尋ねた。

「あの異教徒はどのような悟りを得て、あのように感激して去ったのですか？」

と。釈迦は、

「駄馬は鞭で打たれないと走り出さないけれども、駿馬《しゅんめ》は鞭の影を見ただけで、走り出すのと同じことだよ。彼もなかなかの修行者だから、一撃を食らわぬ前に逃げ出したのだよ」

と。

阿難ほどの仏弟子が、どうして異教徒が釈迦の機先を察して去ったのか分からぬというのでは、異教徒と仏弟子といずれに優劣があるのかと不審に思うだろうが、さあ、そこが重要なところだ。

釈迦が発揮した大威尽力を異教徒は看破しているのに、阿難の心中には突入していないのだ。「対機説法、唯授一人の秘訣」はここじゃ。分かりましたか。

目ざす矢坪《やつぼ》に狙いをつけて　切って放した石の虎

第64話　西有穆山《にしありぼくさん》の遊女賛《ゆうじょさん》

曹洞宗の長老の西有穆山《にしありぼくさん》(1)が、かつて狂画(2)の「達磨と遊君(3)対話」に賛(4)して、
九年面壁《めんぺき》、何のその、わたしゃ十年浮き勤め、煩悩菩提の二筋に、迷わぬ誠の一筋を、加《か》てて三筋で日を暮らす。糸が切れたら成仏と、客の相手に南《な》る阿弥陀仏、済度なさるとなさらぬは、それはあなたの御量見、外《ほか》に余念は無い達磨

と。

そんなにすねずと此方《こっち》向かしゃんせ
あじな話もあるわいな

註

(1) 西有穆山……幕末から明治に活躍した曹洞宗の禅僧(一八二一~一九一〇)。
(2) 狂画……おどけた描きぶりの絵。戯画。ざわ絵。
(3) 遊君……あそびめ。遊女。
(4) 賛……画や書に題して、余白に添え書きした詩、文、歌。

第65話　春は必ず来て花が咲く（非《ひ》心《しん》非《ひ》仏《ぶつ》）

路逢剣客須呈
不遇詩人莫献
逢人且説三分
未可全施一片
（『無門関』三三）

路《みち》で　剣客《けんかく》に逢《あ》えば　須《すべか》らく呈《てい》すべし、
詩人《しじん》に逢《あ》わずんば　献《けん》ずること莫《な》かれ。
人《ひと》に逢《お》うては　且《しば》らく三分《さんぶん》を説《と》け、
未《いま》だ全《まった》く一片《いっぺん》を施《ほどこ》すべからず。

道で剣客に逢えば、迷わず剣を抜け、
詩人に出逢わねば、詩を献ずるな。
人に逢ったら三分の一を説け、
そっくり全てを施すな。

馬祖和尚(1)に、ある僧が質問した。

「仏とは、如何なるものか」

と。馬祖が答えた。

「心ではなく、仏でもない（非心非仏）」

「是心是仏」というのが一般的な見解であるが、よく考えてみると、仏が来てわが心が悟るものでもなく、わが心がすぐに光明を発する仏になるわけでもない。そうしてみれば、「本来空の面目坊《めんぼくぼう》」は、馬祖和尚の言う通り「非心非仏」じゃ。

仏ということばかりに目が向いていては、花ばかりが春と思うようなもので、花が散っても春はまた来る。梅や桜の木の芯に花は見えないけれども、春は年ごとに必ず来て花が咲くのだ。

註

（1）馬祖和尚……馬祖道一《ばそどういつ》。唐代の禅僧（七〇九～七八八）。中国南宋禅の一つ「洪州宗」の祖。弟子に百丈懐海や南泉《なんせん》普願などがいる。

第66話　大綱和尚の瓢箪《ひょうたん》画《が》の賛《さん》

紫野（大徳寺）の大網和尚は名の高い禅僧である。自ら画いた瓢箪画に賛した。

　瓢《ひょう》や瓢《ひょう》や、汝は真瓜《まくわ》（1）の位《くらい》もなく、また西瓜《すいか》の暑さを払う徳もなし。されど気の軽く、中虚《なかむなし》くして無欲なれば、仙人も常に汝を友として、酒を入れては腰に携え、あるときは駒を出して楽しめり。汝瓜の類《たぐい》に在《あ》りて、よく包丁の難に会わざるは智なり。鯰《なまず》を押えて逃れしむるは仁なり。羽柴秀吉の馬印となって、強敵を摧《くだ》くは勇なり。汝の性は善なりと謂うべし。

浮々と暮らすようでも
　瓢箪の胸のあたりに締めくくりあり

註

（1）真瓜……まくわうり。真桑瓜。

第67話　智、これ、道にあらず（智《ち》不《ふ》是《ぜ》道《どう》）

天晴日頭出
雨下地上湿
尽情都説了
只恐信不及
（『無門関』三四）

天晴れて　日頭《にっとう》出《い》ず
雨下りて　地上《ちじょう》湿《うるお》う
情《じょう》を尽《つ》くして　都《すべ》て説《と》き了《おわ》る
ただ恐《おそ》る　信不及《しんふぎゅう》なることを

晴天なれば　陽が光り、
雨が降れば　地が潤う。
思いのたけを語り尽くしても、
信のないのを如何にせん。

南泉和尚は、
「心は、これ、仏ではない。智は、これ、道ではない」
と言う。少し馬祖に似ているが異なる表現だ。

「諦めましたよ、どう諦めた、諦められぬと諦めた」という都都逸が、その意味をよく伝えているよ。分かったようで、分からぬところが妙だ。分からぬものを分かったらしく言うのは、似て非なるものじゃ。諦められぬと諦めたが、真情に出たところで、それが真の天真ではあるまいか。このところがちょっと首を捻るところだ。肝心かなめの扇の手品で、蝶々も落花も小手次第よ。

第68話　北野元峰《げんぽう》和尚の質素

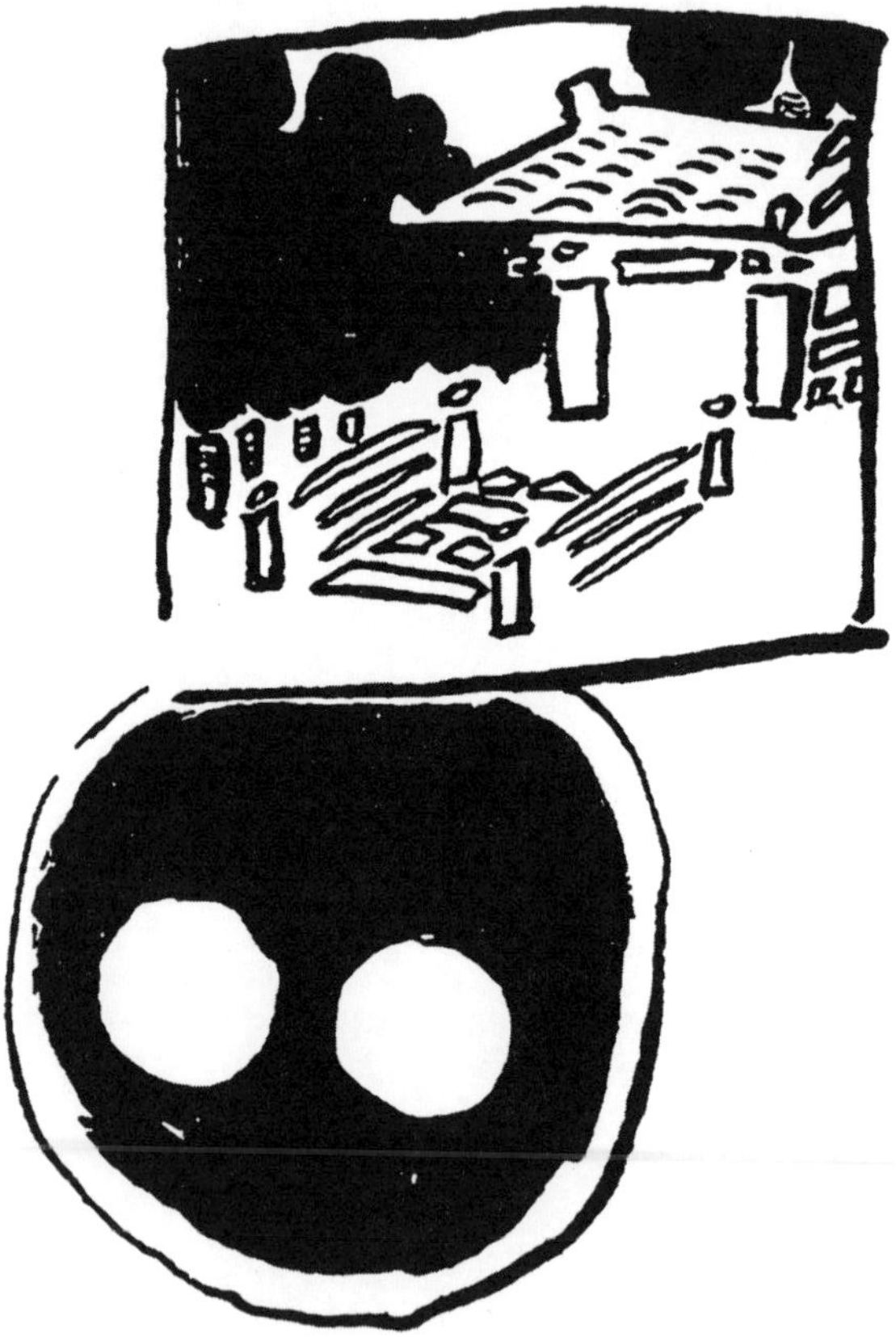

東京芝・青松寺の北野元峰和尚の質素ぶりは、世に聞こえたものであった。ある日、貴賓《きひん》（身分の高い）客が来山したときも、いつも通りに一人の侍者に接待させた。その応待は淡白すぎて、冷遇しているかの感じさえあった。

賓客は「これでは寺に蓄積する物、多大なるべし」と推察して、侍者に秘かにささやいて、

「当山の住持はどのように考えているのだろうか」

と試問した。客が帰ってから、侍者がこのことを和尚に告げると、和尚は大笑いして、

「たわけたことを言うものだ。おれは何の不可思議なものをしているわけではない」

と。

註

（1）北野元峰和尚……明治期に活躍した曹洞宗の僧（一八四二～一九三三）。永平寺六七世。

第69話　どちらが本物（倩女離魂《せいじょりこん》）

雲月是同　渓山各異
万福万福　是一是二
（『無門関』三五）

雲月《うんげつ》　是《こ》れ同《おな》じ、　　雲や月はどこからも同じく見えるが、
渓山《けいざん》　各々《おのおの》異《こと》なり。　谷や山を照らす月明かりは異なるもの。
万福《ばんぷく》　万福《ばんぷく》、　　めでたし、めでたし、
是《こ》れ一《いち》か、是《これ》れ二《に》か。　一でもあり、二でもある。

五祖法演(1)が僧に問いかけた。
「倩女《せいじょ》の離魂(2)、本物はどちらか」
と。これはちょっと面倒な問題である。信太《しのだ》の森の伝説に白狐の「葛の葉」が二人出てきたり(3)、浄瑠璃の「義経千本桜」で佐藤忠信《ただのぶ》が二人出てきたようなもので(4)、迷い易いのは人心じゃ。

さあて、世間には似て非なる偽君子は升《ます》で量るほどいるが、真の聖人はなかなか見出せぬものよ。ここ一番工夫を要するところじゃ。

わが法は賤山賤《しずやまがつ》の筑母髪《つくもがみ》
言うに言われず　解くに解かれず(5)

註

（1）五祖法演……北宗の禅者（?～一一〇四）。臨済宗楊岐派、白雲守端（一〇二五～一〇七二）の法嗣。湖北省五祖山に住んだところから「五祖」と呼ばれる。五祖慧能とは別人。

（2）倩女離魂……唐代の伝奇的な民話。少女「倩女《せいじょ》」が親の反対にあい、恋人と駆け落ちして数年後、子供も生まれたので親に許しを得ようと帰郷した。すると家には寝たきりの「倩女」がいて、近づくと二人は一人の姿になったという。駆け落ちした「倩女」と家に寝たきりでいた「倩女」と、いずれが本当の「倩女」かという公案である。

（3）葛の葉……安倍保名は信太《しのだ》の森（現在の大阪府和泉市）で、狩人に追われた白狐を助けるが、そのとき負傷した。すると美しい女性「葛の葉」が保名を見舞い、介抱する。二人の間に生まれた童子丸（のちの阿倍晴明）が五歳のとき、「葛の葉」が白狐であることが知られてしまう。

（4）佐藤忠信《ただのり》……浄瑠璃「義経千本桜」で、鼓の皮となった親を慕う子狐が佐藤忠信《ただのり》の姿になって現れ、鼓を持つ静御前を守る。

（5）わが法は……和歌は、わが法（仏法）はまるで山奥に住む嫗《おうな》の乱れに乱れた髪のように、結う（言う）こともできず、梳く（解く）こともできない、の意。

第70話　覚巌《かくげん》和尚の啼《な》かぬ烏《からす》の図

第70話　覚巌和尚の啼かぬ烏の図

覚巌和尚（1）が丹波の亀山に行脚《あんぎゃ》したとき、ある富豪の家で点心《てんしん》（2）の接待を受けた。食後に主人の、

「遊歴家の墨跡を遺したい」

との要請を受けた。和尚は即座に快諾し、店の人に墨を多量にすらせ、紙片一握りを墨汁に浸して、全紙面を真黒に塗りつぶした。主人はけげんに思って、

「これは何の図ですか」

と問うた。覚巌和尚は、

「これは禅学の極秘の図である。闇の夜に啼かぬ烏とは、この図のことだよ」

と答えた。

註

（1）覚巌和尚……覚巌寂明。江戸後期の曹洞宗の僧（〜一八五七）。文墨に優れ、達磨の画を多く描いた。

（2）点心……①正食の前の簡単な食事。②昼食の異称。

第71話　路上で「道を極めた人」に出会ったなら（路《ろ》逢《ぼう》達《たつ》道《どう》）

路逢達道人
不将語黙対
攔腮劈面拳
直下会便会（『無門関』三六）

路《ろ》に達道《たつどう》の人《ひと》に逢《あ》わば、
将《まさ》に語黙《ごもく》をもって対《たい》せず。
擱腮劈面《らんさいへきめん》　拳《けん》す、
直下《じきげ》に会《え》せば便《すなわ》ち会《え》す。

路上で道を究めた人に出会ったなら、
語るのも沈黙もだめ。
顎をつかんで一撃すれば、
分かる者なら、すぐ分かる。

五祖法演（北宗の禅者。?〜一一〇四。五祖慧能とは別人）が言うのには、「路上で道を究めた人に出会ったならば、言葉で応対してもだめだ。沈黙でもいけない。では、聞こう。どのように応対すべきか」と。お釈迦様に説法が無益なことを知れば、唯々諾々《いいだくだく》として拝聴するのが良いかといえば、無言で聞くばかりが能ではない。石仏や土人形でも「黙々」はやっている。では、何が一番肝要であるのか。さあ、実行ということにお気を付けられよ。

議論より実を行え情け武士
国の大事を他所に見るバカ

第72話　鳥尾得庵居士の名計略

鳥尾得庵[1]居士があるとき客と語っていると、客がしきりに無神論を主張し、

「人の魂はただ頭悩中に存するのみ」

と言う。それを聞いて、得庵居士は突然立ち上がって客の股間を掴んで陰嚢《いんのう》をひねった。客は驚き、その痛苦を怒る。居士はさらに客の臀部《でんぶ》を何回もつねった。客はますその痛苦を訴える。

居士は笑って、

「君の魂は股間にも臀部にもあるようじゃなあ」

と。客は閉口して再び無神論を説かなかった。

君の実意が降り重なりて
　つもりやわたしの胸にある。

註

（1）鳥尾得庵……本名は鳥尾小弥太。明治の軍人、政治家（一八四八〜一九〇五）。
陸軍中将、子爵。号を徳庵居士、不識道人と称した。

第73話　あの庭の柏《かしわ》の樹だよ（庭前栢樹《ていぜんはくじゅ》）

言無展事　語不投機
承言者喪　滞句者迷（『無門関』三七）

言《ごん》　事《じ》を展《の》ぶること無《な》く、
語《ご》　機《き》に投《とう》ぜず。
言《ごん》を承《う》くる者《もの》は喪《そう》し、
句《く》に滞《とどこお》る者《もの》は迷《まよ》う。

言葉で事物を説明することはできず、
語れば肝心のところに触れられない。
言葉を鵜呑みにする者は見失い、
語句に執着する者は道に迷う。

趙州和尚(1)に、ある僧が問いかけた。

「達磨大師は、なぜはるばる西（南インド）から来られたのでしょうか。その意図は？(2)」

と。趙州和尚は庭を指差し、

「あの庭の柏の樹だよ」

と答えた。


突然話しかけても、応答の機縁が熟していない場合には、

「はっきり言うことはできない（言っても仕方がない）」

と、答えを得られることはない。

気の合わない場所で問題を提出しても要領を得ず、肝心のところが分からずに終わるものである。何事も意気投合していない時に不意打ちに出てみても、本題とは別のことを言われるにすぎない。

ぬしの口説《くぜつ》は藪から棒で
　蛇もあきれて舌を出す

註

（1）趙州和尚……趙州従諗《じょうしゅうじゅうしん》（七七八〜八九七）。唐代の禅者。南泉普願に謁して契悟した。人々の要請により趙州（広東省）観音寺に住し、四〇年間にわたり独自の禅風を宣揚した。

（2）「達磨大師は〜その意図は？」……この「如何なるか、是れ祖師西来の意」は、禅者のよく発する問いであり、常に禅の本質を問う一句である。

第74話　風外《ふうがい》和尚の五升の達磨画

江戸時代中期に活躍した若冲《じゃくちゅう》(1)は名画師であり、鶏《にわとり》を描くに絶妙の才能を発揮した。家が破産し、晩年には町内の夜番が絵を画いて欲しいと依頼しても、容易に応じず、白米一斗（約一八リットル）を贈られると、すぐに画いたという。

曹洞宗の画僧・風外和尚(2)は画に妙境を開き、特に達磨を多く画いた。白米五升を寄進すればたちまち筆を執るが、貴顕富豪の頼みに応ずることはなかった。小児が欲しがれば、布施がなくても喜んで画き、与えたという。

若冲は貧乏のために、鶏（の絵）を米一斗で売り、風外和尚は布施のために達磨を五升で人々に描いて見せたことになる。二人ともに奇骨の人、禅侠の人と言えよう。

註

（1）若冲……江戸中期の画家・伊藤若冲（一七一六～一八〇〇）。初めに狩野派を学び、動物や植物の写生的な装飾画風を工夫し、特に鶏の絵に優れる。

（2）風外和尚……風外本高（一七七九～一八四七）。詩中画あり、画中詩ありと称された画僧。弟子に旃崖奕堂《せんがいえきどう》、原坦山などの俊秀が多い。

第75話　窓格子と、通り過ぎる牛（牛《ご》過《か》窓《そう》櫺《れい》）

過去堕抗壍
回来却被壊
者些尾巴子
直是甚奇怪
（『無門関』三八）

過《す》ぎ去《さ》れば抗塹《こうざん》に堕《お》ち、　通り過ぎれば穴に落ち、
回《まわ》り来《きた》れば却《かえ》って壊《やぶ》らる。　引き返せば粉微塵《こなみじん》。
者些《しゃしゃ》の尾巴子《びはす》、　尻尾《しっぽ》というものは、
直《じき》に是《こ》れ甚《はなは》だ奇怪《きっかい》なり。　なんとも奇っ怪なものだ。

五祖法演《ほうえん》(1)が言った。

「たとえば水牛が窓格子の向こうを通り過ぎて行くのを見ていると、牛の頭、角《つの》、前足・後足がすべて通り終わったのに、どういうわけで尻尾は通り過ぎないのか」

と。ここに、

到り得て、帰り来たれば別事無し
廬山《ろざん》は煙雨《えんう》、浙江《せっこう》は潮《うしお》(2)

という蘇軾《そしょく》の漢詩があるが、その通りである。わが国にも同じような和歌があるよ。

来て見れば左程にも無し不二の山
　話しするがの手土産もなし

大晦日こせぬこせぬが口癖て
　何処《いずこ》も同じ秋の夕ぐれ

註

（1）五祖法演……北宗の禅者（?～一一〇四）。臨済宗楊岐派、白雲守端（一〇二五～一〇七二）の法嗣。湖北省五祖山に住んだところから「五祖」と呼ばれる。五祖慧能とは別人。

（2）「到り得て～浙江は潮」……北宗の詩人で、唐宗八大家の一人として名高い蘇軾（蘇東坡。一〇三六～一一〇一）の漢詩。「一度、現地を訪ねてみれば、どうということもないではないか。ただ廬山は烟雨にけむり、浙江は満々と水をたたえているのみ」の意。

第76話　原担山と京璨和尚の約束

原坦山(1)は幼少から秀才と言われ、かつて湯島聖堂(2)で林鶴梁《はやしかくりょう》(3)に儒教を学び、学び終えるとしきりに仏教を排撃した。

ある日、京璨《きょうさん》和尚(4)に会って儒教と仏教のそれぞれの長短を論じようとした。京璨和尚は、

「いたずらに空理空論を論じるのも無益だ。論議して敗けた者が勝った者の弟子となる約束をせんか」

と。坦山も快諾して舌戦が開かれた。問い答え、往復すること数日におよび、坦山が宋学の蘊奥《うんのう》を弁じると、京璨和尚は仏教の経文《きょうもん》を示して、

「貴兄が説くところは、このお経の一部であり、その言うところの根本は程朱《ていしゅ》両家(5)が仏教中より取り出して解釈したものにすぎない。しかもそれは釈迦が示した教えの数句にほかならない。昔の聖人やそののちの聖人も皆、合通ずるもので、道の本源は天に出ず、というではないか」

と述べた。そこで原坦山は一つひとつお経を確認すると、京璨和尚の主張に反論できない。ここにおいて、

「大の大人がどうして約束を破ることができようか。私は出家して京璨和尚の弟子にし

ていただきたい」
と述べて、ついに仏門に入った。

註
（1）原坦山……幕末・明治期の禅僧・仏教学者（一八一九～一八九二）。一五歳で昌平黌に入り、大中京璨との論争をきっかけに、二〇歳のとき大中京璨の師・英仙について出家し、風外本高について印可を受け、京璨和尚の法を嗣いだ。
（2）湯島聖堂……江戸幕府五代将軍綱吉によって建てられた孔子廟。のちに幕府の学問所（昌平黌《しょうへいこう》）となる。日本の学校教育発祥の地でもある。
（3）林鶴梁……幕末の儒学者（一八〇六～一八七八）。
（4）京璨和尚……曹洞宗の僧（生没年不詳）。物外不遷（一七九四～一八六七）や回天慧杲らとともに、興聖寺の磨甎《ません》（?～一八三六）に侍《じ》し、その法を嗣いだとされる。
（5）程朱両家……北宋の程頤《ていい》と南宋の朱熹《しゅき》。すなわち朱子学のこと。

第77話　他の人の言葉ではないか（雲門《うんもん》話堕《わだ》）

急流垂釣　貪餌者著
口縫纔開　性命喪却
（『無門関』三九）

急流《きゅうりゅう》に釣《つり》を垂《た》る
餌《えさ》を貪《むさぼ》る者《もの》は著《つ》く
口縫《こうぼう》纔《わず》かに開《ひら》けば
性命《しょうみょう》　喪却《そうきゃく》せん

急流に向かって釣り糸を垂らせば、
餌を貪る魚が食らいつく。
ほんのすこしでも口を開けば、
たちまち命を失ってしまう。

雲門和尚(1)にある僧が、

「光明寂照にして河沙《がしゃ》に遍《あまね》し……」

と言いかけたとき、まだその初めの一句が終らないうちに、雲門和尚は急に、

「それは張拙《ちょうせつ》秀才(2)の言葉ではないか」

と言った。僧が、

「はい、その通りです。」

と答えると、雲門和尚は、

「言葉に堕《お》ちたな」

と言った。

すこし間の抜けた問答だが、非常にすぐれたところがある。うっかりものを言うと尻尾《しっぽ》をとらえられるから気をつけよ。

ものは言うまい言っちゃならぬ
　父は長柄《ながら》の人柱《ひとばしら》

註

（1）雲門禅師……雲門文偃《うんもんぶんえん》。唐末の禅僧（八六四〜九四九）。雲門宗の開祖。雲門文偃の言葉は『碧巌録』や『無門関』などの禅語録に、公案として多数取りあげられている。なかでも「日々是好日」は有名。

（2）張拙秀才……（生没年不詳）。張は姓で、拙は名で、秀才は官吏登用試験（科挙）の六科の一つで、その試験に応じた人の呼称。張拙は石霜慶諸《せきそうけいしょ》（八〇七〜八八八）に参じ、法嗣となる。石霜のもとで開悟したときの長偈の冒頭が「光明寂照遍河沙」である。

第78話　桃水和尚の禅

桃水《とうすい》和尚(1)は生涯を世俗の泥にまみれて全国各地を放浪した。そのため和尚の住所を知る人はいなかった。あるときは大阪城周辺で乞食《こつじき》し、あるときは京都市内を徘徊《はいかい》していた。しばらく四条大橋の橋の下や、五条大橋の橋の下に寝て、一日中洛中（京都市内）を乞食して年を送り、天地のいずこをも家とし、太陽や月を伴侶《とも》としてきたこともある。まさに「本来の真面目、無一物」を自得するもののごとくである。狂に似て狂にあらず。愚に似て愚にあらず。古今東西に肩を比ぶべきものなき大卓見である。人呼んで「乞食桃水」という。

座禅せば四条五条の橋の下
往来《ゆきき》の人を深山木《みやまぎ》(2)に見て

註

（1）桃水和尚……桃水雲渓。江戸初期の禅僧（一六一二～一六八三）。沢庵、隠元などの高僧にも参禅し、寺に所属することを嫌い、風狂の生涯を送った。
（2）深山木……奥山に生えている木の意。

第79話　首座は潙山に負かされた（趯倒浄瓶《てきとうじょうびょう》）

颺下笊籬并木杓
当陽一突絶周遮
百丈重関攔不住
脚尖趯出仏如麻
（『無門関』四〇）

笊籬《そうり》并《なら》びに木杓《もくしゃく》を颺下《ようげ》して、
当陽《とうよう》の一突《いっとつ》　周遮《しゅうしゃ》を絶《ぜっ》す。
百丈《ひゃくじょう》の重関も攔《さえぎ》り住《とど》めず、
脚尖《きゃくせん》　趯出《てきしゅつ》して　仏《ほとけ》　麻《あさ》のごとし。

笊《ざる》やしゃもじを放り出し、
まともな一突きでつまらぬ理屈を絶つ。
百丈和尚の厳しい関所でもさえぎれず、
一蹴りで仏もたじたじだ。

潙山霊祐《いさんれいゆう》和尚(1)が百丈和尚(2)の道場にいて、典座《てんぞ》（厨房の炊事係）(3)を務めていたときの話である。ある日、百丈和尚は、後継者となる、次の大潙山住持を選ぶ試験をした。そこで、最高の役位に当たる首座《しゅそ》(4)だけでなく、道場の会衆すべてを呼び集め、

「飛び抜けた力のある者は、これを推挙する」

と言った。

そして百丈和尚は、浄瓶《じょうびょう》(5)を持ち出し、それを地上に置き、

「これを浄瓶と呼んではならない。さあ、これを何と呼ぶ」

と、会衆に問いかけた。

首座がすぐに、

「まさか木片と呼ぶわけにはいかないでしょう」

と答えた。

そこで、百丈和尚は、典座の潙山に向き直って、

「お前はどうだ」

と問うと、潙山はその浄瓶を蹴り倒してしまった。

百丈和尚は大笑いして、

「首座は潙山に負かされてしまったよ」

と言った。

こうして、百丈和尚はすぐに潙山を大潙山の住持に任命した、という話である。

相槌《あいづち》の代わりに使う酒徳利
　打ち破《わ》るまでの曲も無い沙汰
杯に指して用なき古傘を
　手に取るだけが馬鹿の無駄骨

註

（1）潙山霊祐《いさんれいゆう》和尚……唐代の禅者（七七一～八五三）。百丈懐海の法を嗣ぐ。潙仰宗の始祖。

（2）百丈和尚……百丈懐海《えかい》。唐の禅僧（七四九～八一四）。大智禅師。師の馬祖道一より嗣法《しほう》し、禅門の規範「百丈清規《しんぎ》」を定めた。「一日作《なさ》ざれば、一日食《く》らわず」などの語録を残した。

（3）典座《てんぞ》……禅寺での役職（六知事）の一つ。食事をつかさどる役僧。

（4）首座《しゅそ》……禅林での修行僧の首位の僧。禅頭、上座、首衆、第一座とも呼ばれる。

（5）浄瓶《じょうびょう》……浄水を入れ貯える瓶。僧は常にこれを携帯し、手を清めるのに用いた。じんびん。

第80話　奕堂《えきどう》和尚の「人参《にんじん》の頭《かしら》」

曹洞禅の高僧・奕堂和尚《えきどう》(1)はしばらくの間、三河（現在の愛知県東部）の香積寺《こうじゃくじ》で修行していた。風外本高禅師《ふうがいほんこう》の会下《えか》にあって、典座《てんぞ》役をしていた。

ある日、法要があり、僧堂の食事の時間が早められたため急ぎ調理した。人参を洗う間もなく、荒切りにして鍋の中に入れた。

食事中に風外和尚に呼ばれ

「これはなんだ」

と問われた。風外和尚が箸にはさんでいるのは小さな蛇の頭であった。奕堂和尚はすぐに掌に受け取ると、

「これは、人参の頭《かしら》です」

と答え、平然と口に入れ、食べてしまった。

のちに曹洞宗を代表する傑僧として名を高めた奕堂和尚の気性を示す逸話である。

註

（1）奕堂和尚……諸嶽奕堂《もろだけえきどう》（一八〇五〜一八七九）。幕末から明治初年に活躍した曹洞宗の僧。総持寺独住一世、曹洞宗管長。

第81話　その心をここに持って来なさい（達磨安心《だるまあんじん》）

西来直指
事因嘱起
撓聒叢林
元来是你
（『無門関』四一）

西来《せいらい》の直指《じきし》、
事《じ》は嘱《しょく》するに因《よ》って起《お》こる。
叢林《そうりん》を撓聒《にょうかつ》するは、
元来《がんらい》　是《こ》れ　你《なんじ》。

インド伝来の禅の核心を、
伝えたがために面倒が起こった。
禅寺を騒がせたのは、
もとをただせばあなたである。

達磨[1]が、壁に向かって九年間座禅をしていた。

二祖慧可[2]は、雪中に立ちつくしていたが、意を決し、自分の臂《ひじ》を切り落として言った。

「弟子である私の心は、いまだ不安です。どうか安心《あんじん》させてください」

達磨は言う。

「その心をここに持って来なさい。そうすれば、安らぎを与えよう」

二祖慧可はすかさずその心を持っていこうとしたが、ついに得られず、

「本来の面目、不可得なり」

と答えた。

達磨はそれを認めて言った。

「そのとおり。もはやお前に安心を与えた」
と。

註

（1）達磨……菩提達磨。生年は不明で、没年も四九五年、四三六年、五二八年などの諸説がある。インドから中国に禅を伝え、中国禅の初祖とされる。

（2）慧可……慧可大祖禅師（四八七〜五九三）。隋代の禅者で、初祖達磨より法を嗣け、中国禅の第二祖となる。

第82話　環《けい》巌《がん》和尚の隠し芸

江戸幕府の高等法院（最高司法機関）である「金地院《こんちいん》」は、家康の二人の顧問である南公《なんこう》坊《ぼう》（天海僧正）(1)と伝長老《でんちょうろう》（金地院崇伝）(2)の遺跡である。そのため代々名僧にあらざれば住山を許さずとされる名跡である。

環巌和尚もその一人である。坐禅や法要のほかに特意技（別技）があることを知っている人は少ない。和尚はかつて芸妓のいる酒席に臨んだとき、

「衆妓のために、その隠し芸を披露して下さい」

と勧められた。和尚は、

「上方《かみがた》の芳此節《よしこのぶし》(3)を伝授すべし」

として、

こぼれ松葉を恨やむような
　愚痴な妾《わた》しに誰がした

と歌った。声音《せいおん》絶妙ですばらしい隠し技であったという。

註

（1）南公坊……天海僧正（一五三六？〜一六四三）。徳川家康に重用され、江戸幕府の初期の宗教政策に深く関与した天台宗の僧。

（2）伝長老……以心崇伝《いしんすうでん》（一五六九〜一六三三）。金地院崇伝とも呼ばれた。徳川家康のもとで活躍した江戸初期の臨済宗の僧。

（3）芳此節《よしこのぶし》……江戸時代の流行歌。「よしこのよしこの」と囃子詞《はやしことば》を歌ったため、名付けられたという。

第83話　罔明《もうみょう》菩薩の得意技《とくいわざ》（女子出定《じょししゅつじょう》）

出得出不得
渠儂得自由
神頭并鬼面
敗闕当風流
（『無門関』四二）

出得《しゅっとく》するも出不得《しゅっふとく》なるも、
渠《かれ》と儂《われ》と自由《じゆう》を得《え》たり。
神頭《しんず》并《なら》びに鬼面《きめん》、
敗闕《はいけつ》　当《まさ》に風流《ふうりゅう》。

出すことができようができまいが、
どちらも（文殊も罔明《もうみょう》も）素晴らしい。
神の面をつけようが鬼の面をつけようが、
失敗するのもまた風流だ。

昔、釈迦の所に諸仏の集合があり、文殊菩薩[1]が出かけていくと、諸仏は皆それぞれの居所（仏国土）に帰っており、一仏も見えない。ただ一人の婦人が、釈迦の座の近くでスヤスヤと寝入っているばかりである。文殊菩薩は不審に思い、

「どうしてこの女性は仏座に近づくことができ、私にはできないのでしょうか」

と問うと、釈迦は、

「では、お前が、この女性を起こして聞いてみるがよい」

と答えた。文殊菩薩はそれならばと、女性の周囲を三度めぐり指先を弾《はじ》いて鳴らした。さらに指輪を女性の脳天にかかげ、神通力を尽くしても女性は目を覚まさない。

それを見て釈迦は、

「たとえ百千の文殊が知恵を振るっても、この女性を禅定から呼び起こすことはできないだろう。そんなありふれたやり方ではだめだ。ここよりずっと下方にその道にかけて得意な罔明《もうみょう》菩薩(2)がいる。その手際《てぎわ》を実験するから見るがよいだろう」

と言った。

釈迦の呼びかけに応じて、立ち上がってきた者が、

「我こそは罔明（罔明菩薩）である」

と名乗った。釈迦が、

「さあ手際を示しなさい」

と言うと、罔明菩薩は女性の前で指先を鳴らした。たちまち女性は目を覚まして起きたということである。

性は道に依りて賢こしあな賢こ
　細工流々仕揚見玉へ
医学博士もメスメリズム(3)も

恋の病は治りやせぬ
黄金湯よりアポテーキ(4)より
首尾に一夜の合薬

註

（1）文殊菩薩……仏の智慧を象徴する菩薩。諸菩薩の上首とされ、仏の修行面を象徴する普賢菩薩とともに釈迦如来の脇侍をつとめる。

（2）罔明《もうみょう》菩薩……最下位の菩薩。罔は無い、暗いなどの意で、罔明は無明に同じである。

（3）メスメリズム……メスメル（一七三四〜一八一五。オーストリアの医学者）が唱えた催眠療法。

（4）アポテーキ……薬剤師のバイブル『薬局方』のこと。アポテーキはオランダ語で、中川淳庵（一七三九〜一七八六。江戸中期の蘭方医）が『和蘭局方』と訳したのが始まりとされる。『薬局方』は主要な医薬品の品質や純度・強度の基準を定めた法令のことである。

第84話　勝山太夫の禅機

江戸時代中期の元禄期（一六八八〜一七〇四）に、勝山という太夫がいた。よく禅機に通じた者と評判であった。品川宿の東海寺の禅師に参禅して、ますます精進したので、禅師もまた遊女の境遇を察して、しばしば遊里に足を運び指導していた。

世間の人々は禅師について醜聞を伝えたが、禅師は少しも気にせず、

「水鳥の水に入りて羽も濡れず、海の魚とて塩もしまず」

と。

紀国屋文左衛門が勝山の肚力を試そうとして、あるとき不意に太夫の背後から一刀を振り下ろした。勝山はただ一言《ひとこと》、

「あれ、おおげさな」

と言って、振り返りもしなかった。勝山の島田髷《しまだまげ》の一の元結《もとゆい》が切れていたので、世に勝山髷のというのが都下に流行した。

第85話　竹篦《しっぺい》をなんと呼ぶか工夫せよ（首山竹篦《しゅざんしっぺい》）

拈起竹篦
行殺活令
背觸交馳
仏祖乞命
（『無門関』四三）

第85話　竹篦をなんと呼ぶか工夫せよ（首山竹篦）

竹篦《しっぺい》を拈起《ねんき》して、
殺活《さっかつ》の令《れい》を行《ぎょう》ず。
背触交馳《はいそくこうち》、
仏祖《ぶっそ》も命《いのち》を乞《こ》う。

竹篦を持ち上げて、
殺すだの生かすだの命令する。
悪いのいいのとめぐってみれば、
お釈迦さままでも命を乞う。

首山和尚（1）が竹篦《しっぺい》（2）を取り出し、大衆に示して言った。
「お前たちがもしこれを竹篦と呼んだなら、名に囚われすぎである。しかし、竹篦と呼ばなければ、それも相応しくない。さあ、これをなんと呼ぶか工夫してみよ」

仏《ほとけ》来たらば仏を呵《か》し、祖《そ》来たらば祖を斬る
一剣空に依りて寒し

註

（1）首山和尚……北宗の禅者、首山省念（九二六～九九三）。風穴延沼《ふうけつえんしょう》の法嗣。『法華経』に精通していたといわれる。

（2）竹篦《しっぺい》……禅林で坐禅のとき、師家が修行者を打って指導する竹製の杖。

第86話　沢庵和尚の夜鷹賛《よたかさん》

沢庵《たくあん》和尚（一五七三〜一六四五。江戸初期の臨済宗の僧）は品川宿の東海寺の開祖であり、将軍家をはじめ柳生但馬守《たじまのかみ》など、武家の帰依を得た名僧である。その遺墨多しといえども、夜鷹《よたか》の賛《さん》ほどふるっているものはない。

それ仏は法を売り
祖師は仏を売り
末世の僧は祖師を売る。
汝は五尺の身を売りて、
一切衆生の煩悩を救う。
色即是空、空即是色。
柳緑花紅。

水の面《も》に夜な夜な月は宿《やど》れども
心も止めず影も残さず

第87話　あんよが上手と、独り立ちと（芭蕉《ばしょう》拄杖《しゅじょう》）

諸方深与浅
都在掌握中
撑天并拄地
随処振宗風
（『無門関』四四）

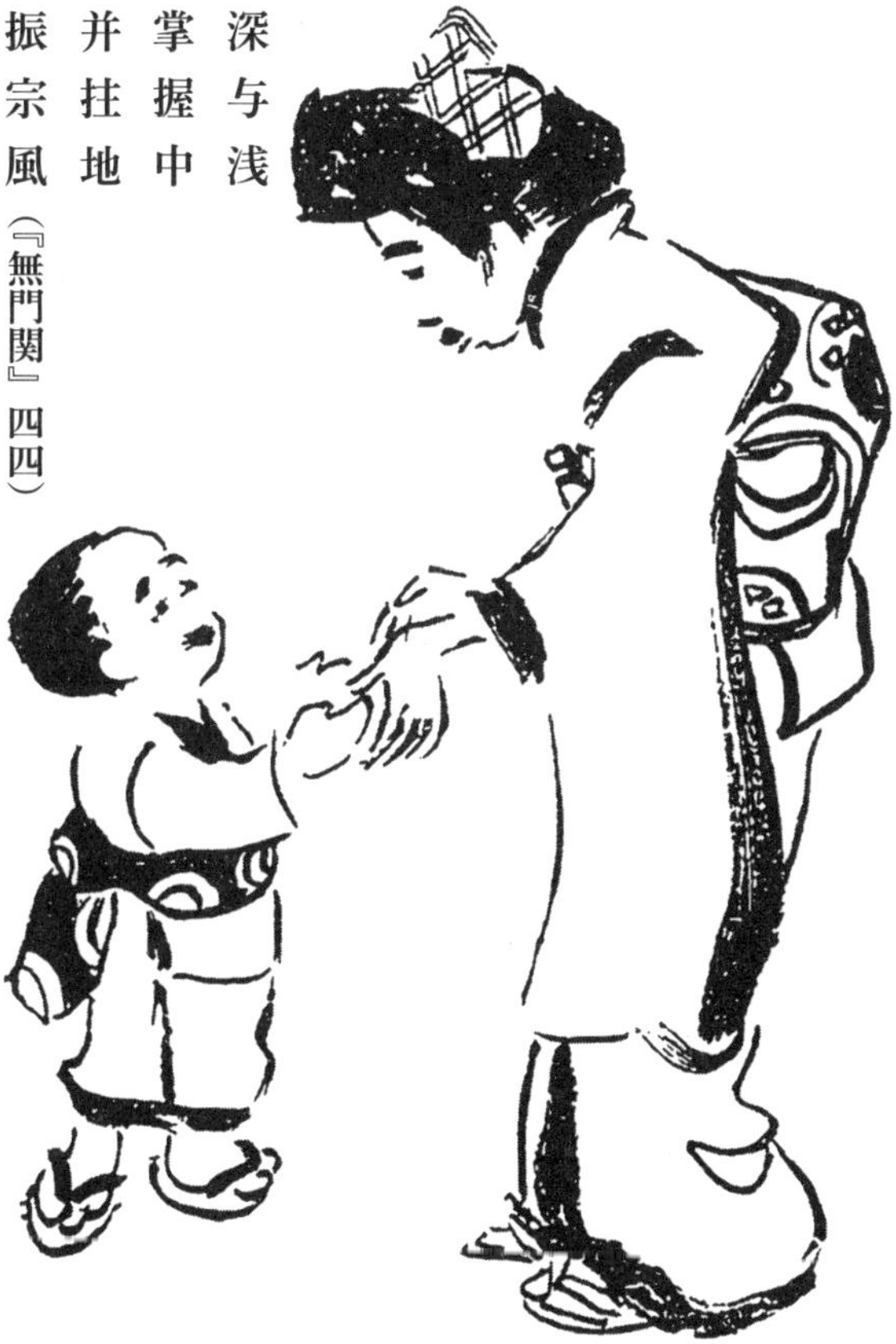

諸方《しょほう》の深《しん》と浅《せん》と、
都《すべ》て掌握《しょうあく》の中《なか》に在《あ》り。
天《てん》を撐《ささ》え并《なら》びに地《ち》を拄《ささ》えて、
随処《ずいしょ》に宗風《しゅうふう》を振《ふ》るう。

いずれの禅宗坊主（の悟りの境地）が深いか浅いか、
すべては杖を握ったその手にある。
天をささえて地をもささえ、
いたるところで禅の風を吹かせ。

芭蕉和尚(1)が大衆に示して言った。
「もしお前が拄杖子《しゅじょうす》を持っていたならば、お前に拄杖子を与えよう。お前が拄杖子を持っていないのならば、私はお前の拄杖子を取り上げるぞ」
すこし粋な穿《うが》ち方である。子供ならば手を引いて「あんよが上手」と世話も焼くが、独り立ちできる力量があれば、突き放して現実の世の中に活動させるまでのことである。

鶴の脛《すね》長しと雖も之を絶《た》たば悲しみなん

註
（1）芭蕉和尚……芭蕉慧清（生没年不詳）。新羅の人で唐代の禅者。

第88話　仙崖和尚、菊花を切る

仙崖和尚は博多の聖福寺の名僧として、黒田侯に尊敬されていた。侯は菊花を愛し、家の後ろの庭園で育成していた。あるとき近臣が誤って珍しい菊の一枝を折ってしまった。黒田侯は大いに怒り、近臣に閉門を命じ、次に切腹を命じようとした。

仙崖和尚は秘かに庭園に忍び入り、鎌で菊花をすべて切ってしまった。黒田侯は物音を聞きつけて近習に命じて手燭を照らして、仙崖和尚を捕らえさせた。そして名刀を振るって和尚の首を斬らんとし、念のため問いただすと、和尚は平然として、

「このような草も、切っておけば、いつか役に立つことあらん」

と。

侯は和尚の言葉に大いに悟り、それ以降は菊花を育成しなかった。

第89話　釈迦も弥勒もだれかの奴隷です（他《た》是《ぜ》阿《あ》誰《た》）

他弓莫挽
他馬莫騎
他非莫弁
他事莫知
（『無門関』四五）

他《かれ》の弓《ゆみ》　挽《ひ》くこと莫《な》かれ　　他人の弓を引いてはならない。
他《かれ》の馬《うま》　騎《の》ること莫《な》かれ　　他人の馬に乗ってはならない。
他《かれ》の非《ひ》　弁《べん》ずること莫《な》かれ　　他人の欠点を言ってはならない。
他《かれ》の事《じ》　知《し》ること莫《な》かれ　　他人の秘事に関心を持ってはならない。

東山《とうざん》の法演禅師(1)が面白いことを言っている。
「釈迦も弥勒も、皆ある者の奴隷にすぎない。そのある者とは誰であろうか。気づいてみよ」
自らの実印を自分で拾って、これは誰のものですかと人に訪ねてみる必要はない。それは一目瞭然に自分のものであるからだ。他人に相談するのは無用である。自分の糞便《ふんべん》は自分で処分するはずのものである。

春の野に若菜つむさへ後の世に
　我が魂《たま》の尾の立つとこそ知れ

註

（1）法演禅師……北宗の禅者（?～一一〇四）。臨済宗楊岐派、白雲守端（一〇二五～一〇七二）の法嗣。湖北省五祖山に住んだところから「五祖」と呼ばれる。五祖慧能とは別人。

第90話　仙厓和尚の禅画賛

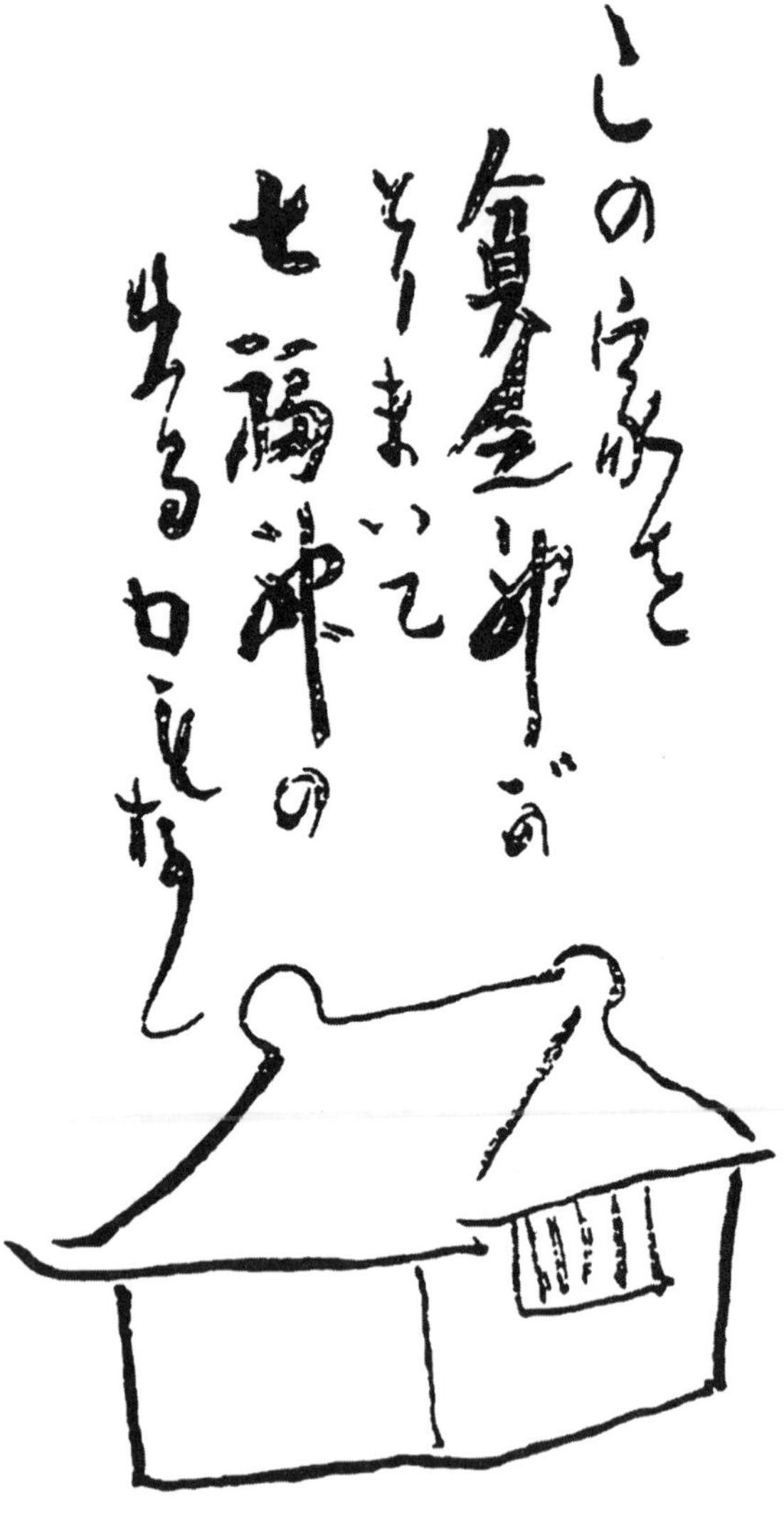

第90話　仙崖和尚の禅画賛

博多の聖福寺の仙崖和尚は禅画を能《よ》くし、狂歌にも優れている。ある人が別荘を建てた祝宴に、仙崖和尚を招待し、禅画一幅を描いて欲しいと願い出た。

和尚はすぐにその家の図を略写し、その上に賛し、

「この家を貧乏神が取り巻きて」

と書き、筆を止めた。主人は「不吉なり」として和尚に迫った。和尚は笑って再び筆を取り、

「七福神の出所もなし」

と書いた。

第91話　百尺の竿の先で、一歩を踏み出す（竿頭進歩《かんとうしんぽ》）

瞎却頂門眼　錯認定盤星

拌身能捨命　一盲引衆盲（『無門関』四六）

頂門《ちょうもん》の眼《まなこ》を瞎却《かっきゃく》して、　頭の天辺にある悟りの眼を失えば、
錯《あやま》って定盤星《じょうばんじょう》を認《みと》む。　秤の目盛りにも気を取られる。
身《み》を拌《す》て能《よ》く命《いのち》を捨《す》て、　身を捨て、命を捨ててこそ、
一盲衆盲を引く。　盲人でありながら衆盲（衆生）を導くことができる。

石霜《せきそう》和尚[1]は言った。

「百尺の竿の先に立っているとき、どのようにしてさらに一歩を踏み出すか」

また、古徳[2]も言う。

「百尺の竿の先に座り込んでいるような人は、そこまで辿《たど》り着くことができた（悟りを得た）としても、まだそれが真実というわけではない。百尺の竿の先からさらに一歩を踏み出して、あらゆる世界に（十方世界）に自己の全体を現さなければならない」

切れた拍子に身を捨ばちと
　投げて目に立つ畳ざん[3]

註

（1）石霜和尚……石霜楚円《せきそうそえん》（九八七～一〇四〇）。臨済宗。汾陽善昭に参じてその法を嗣ぐ。慈明禅師と称された。

（2）古徳……ここでは長沙景岑《ちょうさけいしん》（唐代の人。生没年不詳）をさす。「百尺竿頭」の話《わ》が『五灯会元』巻四の長沙景岑章にみえるからである。

（3）畳ざん……畳算。かんざしなどを畳の上に落として、落下地点から畳の端まで網み目を数え、丁・半の数で吉凶を占うもの。

第92話　蓬洲《ほうしゅう》和尚の即吟《そくぎん》

臨済宗の蓬洲《ほうしゅう》和尚(1)が全国各地への行脚《あんぎゃ》の際に、とある駅の四辻で曹洞宗の雲水百人ほどの一団と出会った。雲水たちは蓬洲和尚の行く手をさえぎり、

「一句なければ、このまま通しませんぞ」

と戯れを言った。蓬洲和尚は笠を捧げ持って高らかに、

「両岸の猿声《えんせい》啼《な》きやまず
　軽舟すでに過《す》ぐ万重山」

と古句(2)を吟じつつ、前の道路を通りすぎた。

　取り巻いた犬も吠え止むソソリ節(3)

註

(1) 蓬洲和尚……蓬洲禅苗《ほうしゅうぜんびょう》。江戸後期の臨済宗の僧（〜一八七二）。

(2) 古句……李白「白帝城」の三句、四句。

(3) ソソリ節……遊郭などのはやり唄。客がひやかしてうたう唄のこと。

第93話　本性と臨死と死後の行く先と（兜率三関《とそつさんかん》）

一念普観無量劫
無量劫事即如今
如今覷破箇一念
覷破如今覷底人
（『無門関』四七）

一念《いちねん》普《あまね》く観《かん》ず　無量劫《むりょうごう》、　一刹那に無限の時間を観れば、
無量劫《むりょうごう》の事《じ》　即《すなわ》ち如今《にょこん》。　その無限の時間はすなわち今にある。
如今《にょこん》　箇《こ》の一念《いちねん》を覷破《しょは》すれば、　今、この瞬間の刹那を見破るならば、
如今《にょこん》　覷《み》る底《てい》の人《ひと》を覷破《しょは》す　この瞬間に見破った人を今見破ることができる。

兜率従悦《とそつじゅうえつ》和尚[1]が、三つの関門（公案）を設けて、参学の修行者に問いかけた。

【第一問】
「煩悩の草を分けて仏法の真理に参入する理由はただ一つ、自己の本性を見極めるためである。さあ、今あなたの本性はどこにあるか」

【第二問】
「自己の本性を見極めることができれば、生死の迷いを脱することができる。では、あなたが臨死の際にはどのように生死を脱するか」

【第三問】
「生死を脱することができたならば、死後の行く先もわかるはずである。では、あなたの肉体が分離してばらばらになってしまったとき、どこに向かって去ってゆくつもりか」

立ち出でて日限定めぬ一人旅
　急ぐでもなし喘ぐでもなし
明ぬれば谷間静かに立ち出る
　その日その日に峰の白雲
朝《あした》には消るものとも知ら雪の
　何を夕《ゆうべ》に思ひ積むらむ

註
（1）兜率従悦和尚……北宗の禅者（一〇四四〜一〇九一）。臨済宗黄竜下二世の宝峰克文《ほうぽうこくぶん》（一〇二五〜一一〇二）の法を嗣ぐ。

第94話　晦巌和尚の快気炎

晦巖和尚[1]は伊予（愛媛県）宇和島の伊達春山《しゅんざん》侯の帰依僧である。かつて京都にいたとき、諸山の僧堂に出入りして法論談義をしていた。各僧堂に龍象《りゅうぞう》（優れた人物、高僧）がいない、と慨嘆し、

「五条の橋辺に首を回らせ望むれば、東西南北、愚僧多し」

と放吟した。のちに春山侯に親しく接した折に快気炎を吐露した。

ある日、春山侯が大名竹の由来を質問すると、

「いたずらに大にして用いる所がないことに由来する」

と喝破し、また
「今日の師匠たちも、神通力を持っているのか」

と問われると、

「我れ、また、二六時中[2]（一昼夜）、頭上より化身仏を現じてやまず、ただ汝ら、これを見ざるのみ」

註

（1）晦巖和尚……江戸後期の僧（〜一八七二）。伊予（愛媛県）宇和島の金剛山大隆寺

に住した。

(2) 二六時中……一昼夜の意。終日。昔の時の制で、昼夜をそれぞれ六等分したので、二六時中と呼ばれた。四六時中は四×六＝二四時間の意。

第95話　涅槃に入る一つの道（乾《けん》峰《ぼう》一《いち》路《ろ》）

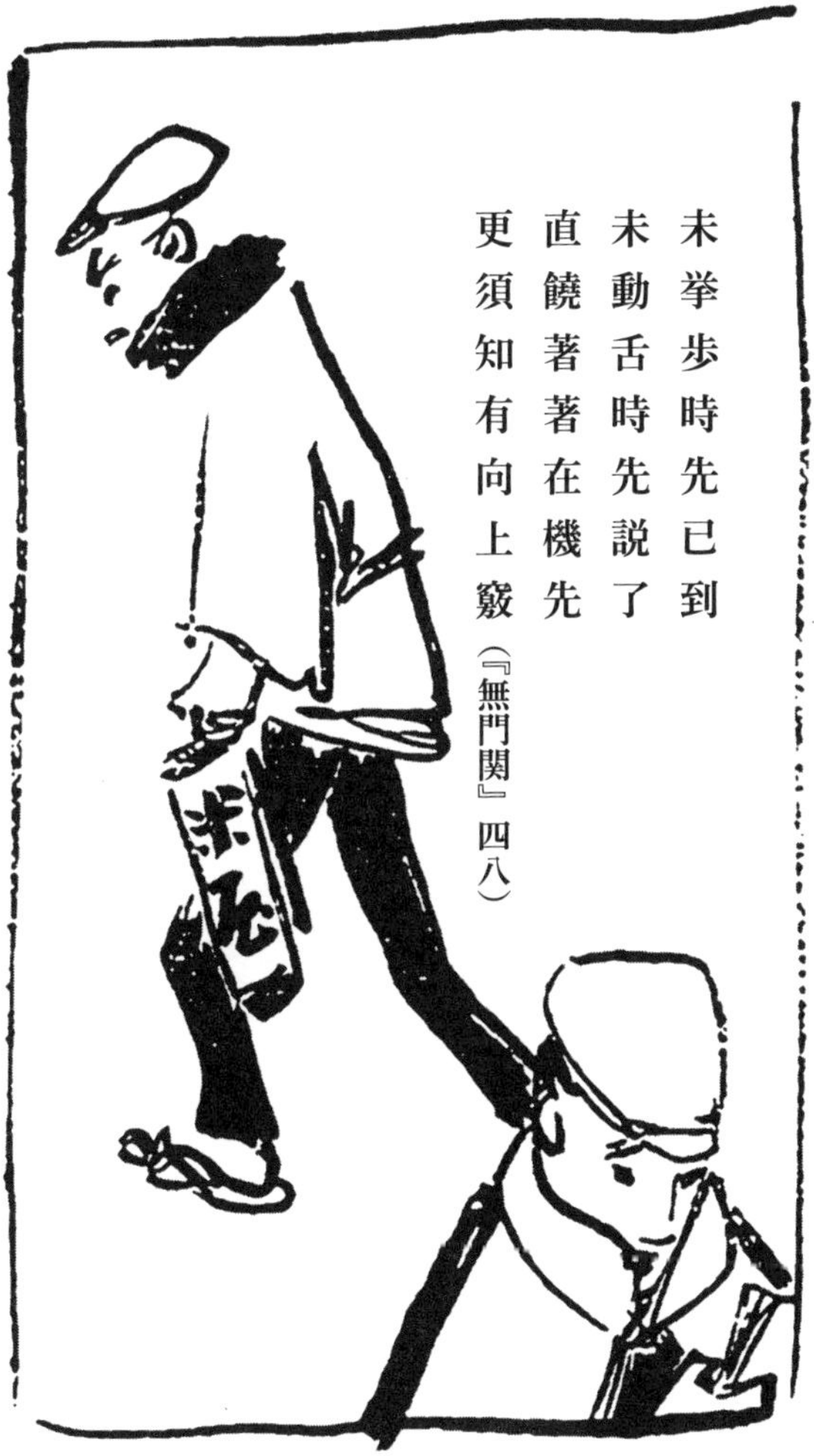

未挙歩時先已到
未動舌時先説了
直饒著著在機先
更須知有向上竅
（『無門関』四八）

未《いま》だ歩《ほ》を挙《こ》せざる時《とき》　先《ま》ず已《すで》に到《いた》る。
未《いま》だ舌を動《どう》ぜざる時　先《ま》ず説《と》き了《おわ》る。
直饒《たと》い著著《じゃくじゃく》　機先《きせん》に在《あ》るも、
更《さら》に須《すべか》らく向上《こうじょう》の竅《きょう》有《あ》ることを知《し》るべし。

まだ歩みもしないのにたどり着き、
まだ舌を使わぬうちに説き終える。
一手一手に機先を制しても、
真の決め手はまだ先である。

ある僧が乾峰《けんぽう》和尚(1)に、

「『首楞厳経《しゅりょうごんきょう》』に、『十方《じっぽう》の諸仏は、みなたった一つの道から涅槃へ入った』とありますが、いったいその道はどこにあるのでしょうか」

と問いかけた。

すると、乾峰和尚は拄杖《しゅじょう》(2)を持ち上げて空中に一つの線を描き、

「ここに在る」

と言った。のちにこの僧は雲門和尚(3)に参じ、このことについて教えを求めた。

すると、雲門和尚は扇子を持ち上げ、

「この扇子は飛び上がって三十三天に昇り、帝釈天の鼻の穴に飛び込み、東海の鯉を一

打ちして、盆をひっくり返したほどの雨を降らせる」
と言った。

正月どのが御座った、どうして御座った、臼を馬にして杵の先に餅を刺して、カンブリカンブリ御座った、何処から御座った、東の籠の外から、福寿草の芽立つ辺より、飛び出して御座ったわい。

註

（1）乾峰和尚……唐末の禅者、越州乾峰《えっしゅうけんぽう》（生没年不詳）。曹洞宗。洞山良价《とうざんりょうかい》（八〇七～八六九）の法を嗣ぐ。

（2）拄杖……僧が携える杖。禅林では行脚のときや、修行僧を戒めるとき、上堂して法を説くときの具として用いる。

（3）雲門和尚……雲門文偃《うんもんぶんえん》。唐末の禅僧（八六四～九四九）。雲門宗の開祖。雲門文偃の言葉は『碧巌録』や『無門関』などの禅語録に、公案として多数取りあげられている。なかでも「日々是好日」は有名。

第96話　禅宗での法問

禅宗では法問を行うが、あれは昔の剣客《けんかく》が撃剣の試合をするようなものだ。弟子も師匠も一所懸命じゃ。若手の雲水が鋭く切り込んでくるのを間《かん》に髪《はつ》を入れずに、どんどん答弁して少しでも手元に切り込まれぬようにするのだ。

一つ間違えば、切り殺されてしまうもので、その法問を「商量《しょうりょう》」だの「問答」という。商量とは、商人同士が商品の値段を商議論量するという意味だ。正法を商議して破邪顕正することをいう。

第97話　結制と江湖会

日本には春夏秋冬の四つの季節がある。これに対してインドの季節は乾季、暑季、雨季の三つである。雨季には草や木が茂り、小さな虫たちの活動も盛んになる。

釈迦は、雨季に発生する洪水などの水の災害から身を守るためと、小さな虫たちを踏み殺すことがないように、四月一五日（または五月一五日）より三ヵ月間、雨を避けて洞窟や僧院に生活（安居《あんご》）するように定めた。雨安居《うあんご》ともいう。これが仏教での結制のはじまりである。

仏教の修行僧は安居中に飲食などの供養を受け、修行中の罪過を反省し、釈迦の説法を聴聞した。

禅宗では、夏と冬の二季に安居を行い、夏安居《げあんご》、冬安居《とうあんご》と称する。安居の経験数により、位階が定められており、第一夏を入衆《にっしゅう》、五夏以上を闍梨《じゃり》、十夏以上を和尚《わじょう》と呼ぶ。

また、江湖会というのは、中国江西省の馬祖道一《どういつ》禅師のもとで常に千人の弟子が禅学を宣揚し、湖南では石頭希遷禅師が同じく千人の弟子を引きいて正宗《せいしゅう》を挙揚《こよう》した。この江西・湖南の両大衆が互いに往来して、盛大な大法問を開いたのが、「江湖会」の始まりとされ、禅僧が集まり、修行する法制安居のことを「江湖会」というようになった。

第98話　禅僧の三つの段階

禅宗の雲水が出世するには三つの段階がある。

第一は首座《しゅそ》という。長老とも侍者《じしゃ》和尚とも呼ばれる。その上の第二が和尚で、日本では転衣式《てんいしき》といって、本山の一夜住職をして綸旨《りんじ》の和尚号を頂戴する旧来の式がある。その上の第三が大和尚で、本当の師家《しけ》になる。

江湖会の第一座が首座職で、老功の者でなければ、雲水の切り込む荒太刀は、なかなか受けられない。まず剣術道場の師範代のようなもので、一太刀打ち負けたら、その場で切り殺されたも同様なのだ。

第99話　久我環渓和尚の痛棒

永平寺の久我環渓《くがかんけい》和尚(1)は筋金入りの手厳しい師家であった。老和尚が一度上座すると、ビシビシ弟子を打ち叩くので、常に警策《きょうさく》の三〇本や四〇本が折れたということだ。一代に七〇人から八〇人もの雲水を叩き殺したとさえ言われている。

久我環渓和尚の高弟には荒和尚が育った。一大事因縁を体現するためには、不惜身命《ふしゃくしんみょう》の覚悟でなければならないし、殺活《さっかつ》自在の権限は師家に一任するとの誓約をしているのだから、無理もない。さらには打ち殺すどころではなく、何年修行しても悟れぬ者は、活埋坑《かつまいこう》という穴に、生きたまま打ち込んでしまったほどであるそうな。

註

（1）久我環渓和尚……永平六十一世（一八一七～一八八四）。

（2）警策《きょうさく》……坐禅のとき、眠気などをさますために打つ棒状の板。けいさく。

第100話　通玄禅師の活埋坑《かつまいこう》

江戸時代初期に活躍した通玄禅師(1)は武家大名の帰依も多かった。またきわめて厳しい師家《しけ》で、寺の門前に大きな穴を掘ってあり、これを活埋坑《かつまいこう》と呼んだ。一〇年も二〇年もの間修行しても、悟道を得られぬ雲水を片端からこの穴に投げ込み、生葬礼《いきそうれい》をする定めであった。実際には、投げ込まれた修行僧が穴から逃げ出し、還俗した者もいたということだ。

坊主殺され還俗したで
　こはだの鮨など売っていた

註
（1）通玄禅師……仙台の大雄山善応寺開山、大照智光禅師通玄法達和尚（一六三五〜一七〇四）

解題　禅画堂文僊と『禅画百譚』

割田　剛雄

本書の特長

本書『現代語訳　禅画百譚』の原本は、一九一一年（明治四四）三月に東京滑稽社から発行された池上文僊《ぶんせん》画・著、大月隆編『禅画百譚』である。今般の現代語訳にあたり、旧漢字・旧仮名遣い・差別表現などを新漢字・新仮名遣い・現代的表記に改め、各話の見出しの一部も現代語訳に改め第一話から第一〇〇話まで付番した。

以下に本書の特長や、著者・池上文僊（一八八七〜一九一二）の経歴、禅画堂と号した由来、満三三歳の短い生涯と執筆活動などについて、若干の解題を付す。

まず、本書『現代語訳　禅画百譚』の特長は、

（1）興趣に富んだ禅門の逸話・公案など「一〇〇話」を収録した。

（2）各話の軽妙な禅画が楽しい。
（3）各話の洒脱《しゃだつ》で簡潔な解説が面白い。
（4）主要な登場人物は中国禅宗関係三二名と、日本禅門関係二九名、合わせて六一名の禅僧である。
（5）明治期の禅者の逸話と、『無門関』四八則が交互に織りなされ、多彩なテーマを網羅している。
（6）『無門関』を出典とする公案の「頌」は漢文・書き下し・現代語訳を列記した。
（7）登場人物や禅門特有の語句などに註を付けた。
というものである。

池上文僊の経歴と「禅画堂」の雅号

著者・池上文僊は一八八七年（明治二〇）一一月一五日に、東京に生まれた。本名は池上藤五郎で、父は池上雲昂である。藤五郎は長じて野村文挙（一八五四～一九一一）に師事し、四条派の絵を学ぶ。四条派は江戸後期に京都四条に住んで活躍した松村月渓（呉春）を祖とする日本画の一派で、幕末から明治にかけて画壇の中心勢力であった。そして師の野村文挙は一八八四年（明治一七）の第二回内国絵画共進会で宮内省御用品に選ばれ、一八八九年（明治二二）から学習院で教鞭をとり、一八九六年（明治二九）の日本絵画協会結成に参加したあと、受賞を重ねるなど明治時代に活躍した四条派の大家である。文僊の名は師の野村文挙の命名と考えられるが詳細は不明である。

文僊は文挙のもとで四条派を学ぶとともに、幅広く諸家の画風を研鑽し、山水画・仏画・禅画に精進した。なかでも禅画に新境地を開き、禅画の代表的なモチーフである達磨図を百図描くと好評を博し、高津柏樹曄森《はくじゅようしん》禅師（黄檗山第四四代、一九三六～一九二五）より「禅画堂」の雅号を受けた。

本書の原本『禅画百譚』は池上文僊が満二三歳のときの著作である。禅の逸話や公案はだれもが耳にしたり、読んだりすることの多い話材の一つである。それゆえに、

「ああ、あれか」

「知っている逸話だ」

などと言われやすいきらいがある。しかし文僊は逸話や公案のもつ深い内容を理解したうえの、要点を押さえた清新《せいしん》な筆致で禅の境地を自在に描き、逸話・公案に新たな息吹を吹き込んでいる。簡潔で軽妙洒脱《しゃだつ》な解説文との相乗効果も絶妙である。

本書に登場する日本の主な禅者

本書の構成の一つ目の柱は、江戸後期から明治にかけて活躍した禅者の逸話である。曹洞宗・臨済宗の時代を代表する師家を中心に、多数の禅者が登場し、興味深い逸話を展開する。その禅者の一部を掲載順に列記すると、

①**無参《むざん》和尚**……西郷隆盛や大久保利通などを指南。島津家の菩提寺「福昌寺」の住職。

②**越渓守謙《えっけいしゅけん》**……幕末から活躍した臨済宗の僧。釈宗演の師。(一八一〇〜一八八四)。

③**物外不遷《もつがいふせん》**……「永平寺の大梵鐘を軽々と持ちあげた」など、怪力を伝えるエピソードが多い江戸期の禅僧。挙骨和尚とも呼ばれた(一七九四〜一八六七)。

④**荻野独園《おぎのどくおん》**……幕末の志士たちの敬慕を受けた臨済宗の師家。桐野利秋、山岡鉄舟、鳥居得庵などを指導(一八一九〜一八九五)。

⑤**由里滴水《ゆりてきすい》**……明治五年(一八七二)の禅宗三派(臨済宗・曹洞宗・黄檗宗)の管長や、天龍寺管長などを歴任(一八二二〜一八九九)。

⑥**峨山《がざん》禅師**……橋本昌禎(一八五三〜一九〇〇)。幕末から明治にかけて活躍した臨済宗の僧。由里滴水の法嗣。天龍寺二三八世、管長を歴任。

⑦**原　坦山《たんざん》**……儒学から仏門に移り、風外本高の印可を受け、京璨和尚の法を嗣いだ。

⑧**久我環渓**《こがかんけい》……永平寺六一世。（一八一七〜一八八四）。

⑨**島尾得庵**《とくあん》……本名は鳥尾小弥太（一八四八〜一九〇五）。明治の軍人、政治家。陸軍中将、子爵。号を徳庵居士、不識道人と称した。

⑩**西有穆山**《にしありぼくさん》……幕末から明治に活躍した曹洞宗の禅僧（一八二一〜一九一〇）。

⑪**北野元峰**《げんぽう》……明治期に活躍した曹洞宗の僧（一八四二〜一九三三）。永平寺六七世。

⑫**覚巌和尚**《かくごん》……江戸後期の曹洞宗の僧（〜一八五七）。達磨の画を多く描いた。

⑬**風外本高**《ふうがいほんこう》……詩中画あり、画中詩ありと称された画僧。弟子に旃崖奕堂、原坦山などの俊秀が多い。

⑭**諸嶽奕堂**《もろたけえきどう》……幕末から明治初年に活躍した曹洞宗の僧（一八〇五〜一八七九）。

⑮**仙厓和尚**《せんがい》……博多の聖福寺の名僧（一七五〇〜一八三七）。教化のために書画一致の墨絵・禅画が高く評価される

などとなる。このほかに、蓬洲禅苗、晦巖和尚、漢三道一などの傑僧の逸話が取り上げられている。さらに、江戸中期以前の禅者として一休禅師、快川禅師、楚俊禅師、沢庵和尚、桃水雲渓、心越和尚、俳聖一茶などが登場する。

文僊が明治期に活躍した師家たちとどのように関わり、だれのもとに参禅していたかなどの来歴は定かではない。けれども、禅の境地を表現する卓越した画境の高さや、随所に古歌や都都逸《どどいつ》などを織り交ぜての達意の解説文を読むとき、本書が高い素養と深い禅体験のもとで著述されたものと想像できる。

事実、文僊は『禅画百譚』の「はしがき」で、

「この書を世に出して、人を益するというほどの野心もなければ、こんなものでも、徒然《つれづれ》の折柄に欠伸《あくび》が二つ出るところを一つですめば、至極結構なことと思うのみ。編者本人さえ、まだ、禅機を会得しかねている。やぼくさい口上、手前味噌ならぬ、正味の心中、かくの如しと云う。辛亥《しんがい》初春　野北斎主人しるす」

と述べ、自ら「禅機を会得しかねている」と明言している。末尾の「野北斎主人」も「やぼくさい主人《あるじ》」とも読めるもので、著者一流の飄々たる心境を窺い知ることができる。

三三歳の若さで逝去

文僊はこののち、満三一歳を迎えた一九一八年（大正七）一一月、実業之日本社から『禅機画趣　禅窓奇譚《ぜんそうきたん》』を発行している。禅にまつわる一〇九の逸話を総二八三頁に収

め、四七枚の禅画と一幅の軸画を収録している。梅の大木と髑髏《どくろ》を配した文僊画の掛け軸には墨痕《ぼっこん》鮮やかな題讃《だいさん》があり、「黄檗宗高津柏樹禅師題讃」と記されている。同書の本文は会話体を多用し、総ルビを付してあり、分かりやすい内容である。

さらに、『禅機画趣　禅窓奇譚』の巻末広告には、好評発売中として池上文僊著『一棒一喝』の書名が掲載されている。実業之日本社からいつ初版が出たのか不明であるが、『禅機画趣　禅窓奇譚』が発行された一九一八年（大正七）一一月時点で、五版を重ね好評である旨が記されているので、『禅機画趣　禅窓奇譚』の前に発売されたことは間違いない。筆者はこの『一棒一喝』を未見のため、内容など詳細は不明である。

そして文僊は一九二一年（大正一〇）一月一九日、満三三歳の若さで逝去している。

本書に登場する主な中国禅の系譜

本書の構成のもう一つの柱が『無門関』の四八の公案である。初祖・達磨以下、二祖慧可《えか》など三二名の興味深い逸話が示されている。仏道では師から弟子への伝法《でんほう》が基本であるが、特に禅にあっては師子相承《ししそうじょう》を尊ぶ。それゆえに公案を味読しようとするとき、長い歴史を有する中国禅の系譜の理解が必須とされる。

たとえば本書にも「洞山曰く」として二人の洞山が前後の説明なく登場する。一人は曹洞宗の開祖・洞山良价（八〇七〜八六九）禅師であり、もう一人は雲門宗の「麻三斤」の公案で有名な洞山守初（九一〇〜九九〇）和尚である。以下に中国禅の系譜の概略を図示する。作図するに当たり『禅学大辞典』別巻「禅宗法系譜」（大修館書店）や『禅の本』（学習研究社）を参照した。

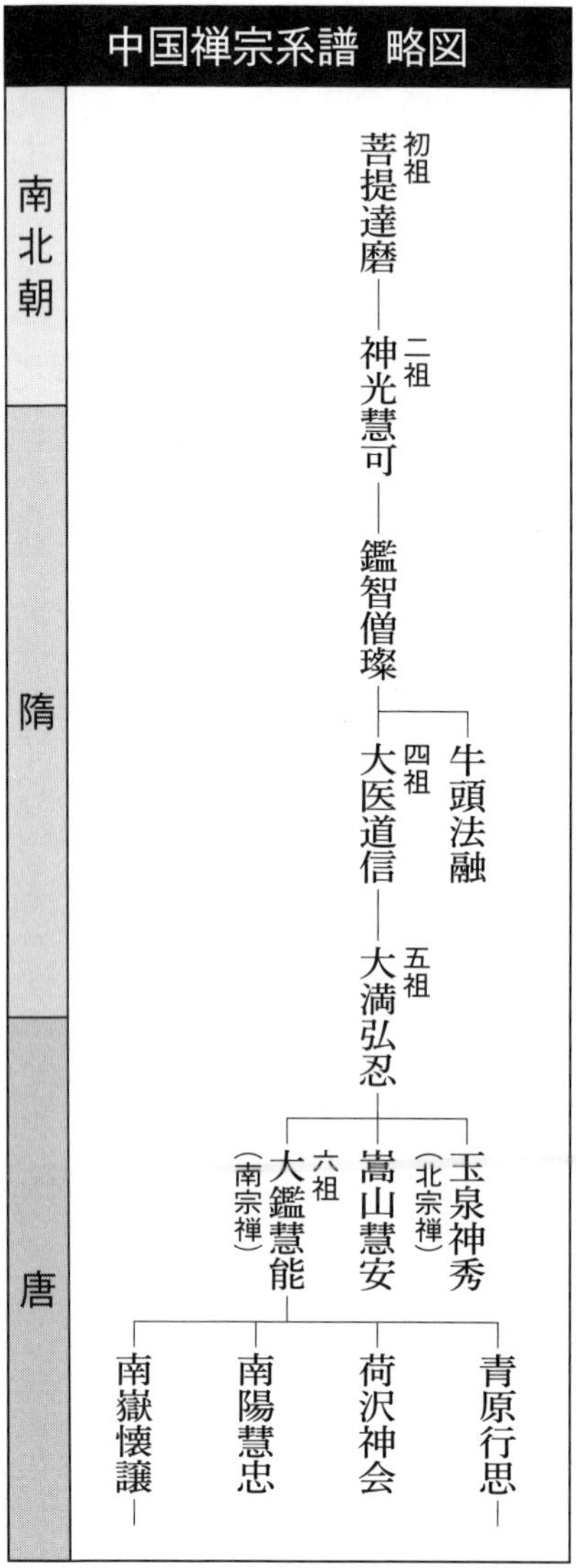

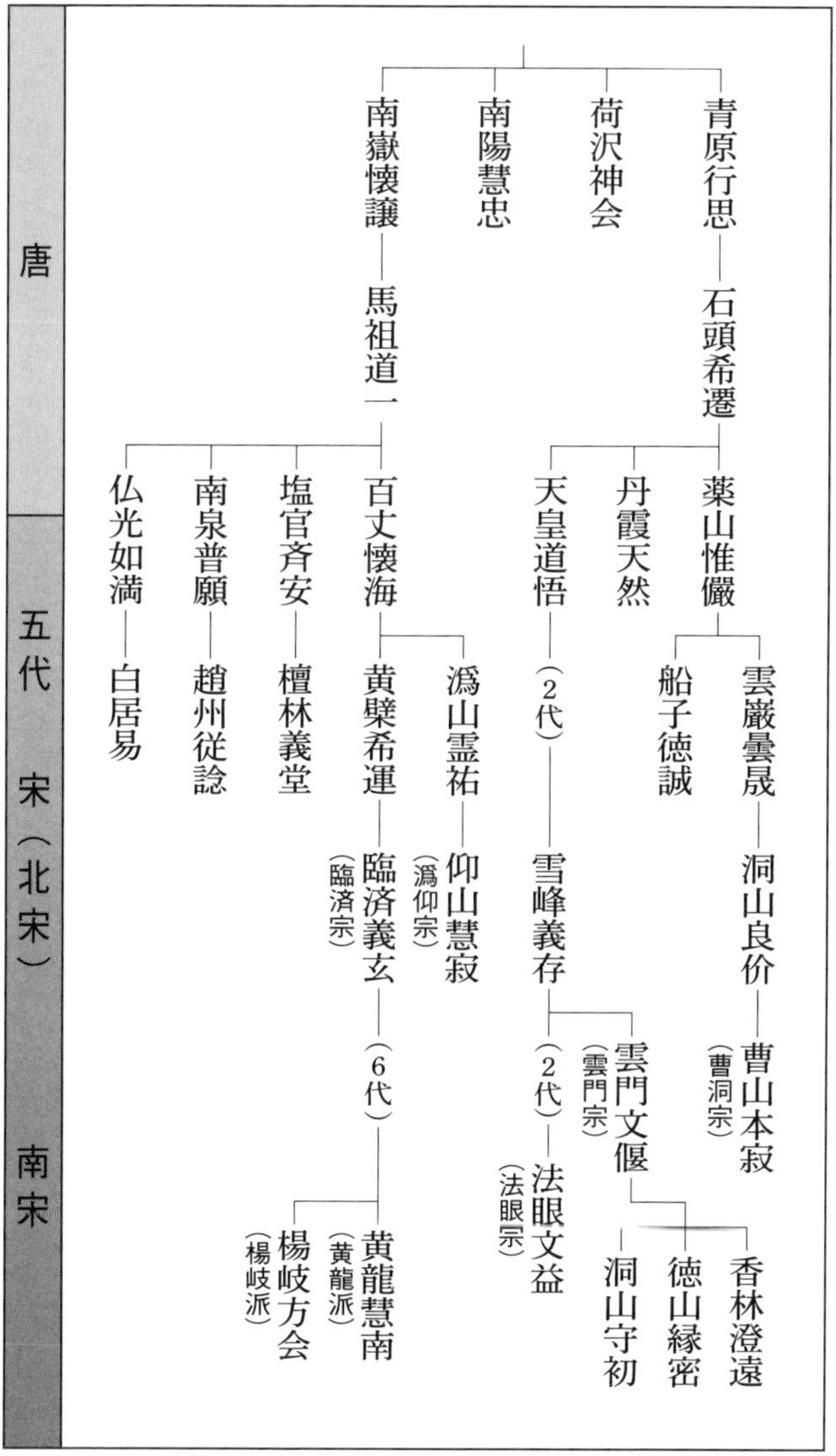

・略図左欄の時代区分は概略のものである。

参考文献

本書の現代語訳・註・解題を執筆するに当たり、左記の先行研究や資料を参照したことを記し謝意を申し上げるものである。

『禅学大辞典（全三巻）』（大修館書店、一九七八）
『洞山』（『現代語訳洞門禅文学集』）飯田利行訳（国書刊行会、二〇〇一）
『懐奘・大智』（『現代語訳洞門禅文学集』）飯田利行訳（国書刊行会、二〇〇一）
『禅語百選』松原泰道（祥伝社、二〇〇〇）
『禅語』石井ゆかり（ピエ・ブックス、二〇一〇）
『仏道のことば』割田剛雄（パイ　インターナショナル、二〇一二）
『無門関』西村恵信訳注（岩波書店、二〇〇二）
現代訳『無門関』魚返善雄（学生社、二〇一三）
超訳『無門関』ひろさちや（中央公論社、二〇一八）　その他

令和元年九月

著者略歴

池上 文僊（いけがみ ぶんせん）

1887（明治20）年、東京生まれ。本名は池上藤五郎。日本画を四条派の大家・野村文挙に学ぶ。のちに山水画・仏画・禅画に精進し、禅画に新境地を開き、高津柏樹禅師より禅画堂の雅号を受ける。六朝風の書も得意とした。1921（大正10）年、33歳で逝去。著書に『禅機画趣　禅窓奇譚』『一棒一喝』などがある。

禅画百譚《ぜんがひゃくたん》

2019年9月25日　第1版第1刷発行

著　者　池上《いけがみ》　文僊《ぶんせん》

発行者　佐藤今朝夫

〒174-0056 東京都板橋区志村1-13-15

発行所　株式会社　国書刊行会

TEL.03(5970)7421(代表)　FAX.03(5970)7427

http://www.kokusho.co.jp

印刷・㈱エーヴィスシステムズ／製本・㈱ブックアート　ISBN978-4-336-06350-2

定価はカバーに表示されています。

落丁本・乱丁本はお取替いたします。

無二分無別無斷故見者清淨即行識名色六處
愛取有生老死愁歎苦憂惱清淨行乃至老死愁
憂惱清淨即見者清淨何以故是見者清淨與行
老死愁歎苦憂惱清淨無二無二分無別無斷故

次善現我清淨即布施波羅蜜多清淨布施波羅
清淨即我清淨何以故是我清淨與布施波羅蜜
淨無二無二分無別無斷故我清淨即淨戒安忍
靜慮般若波羅蜜多清淨淨戒乃至般若波羅蜜